店舗施設マネジメントと診断

太田 巳津彦 著
MITSUHIKO OHTA

魅力的な店づくりを実現するポイント

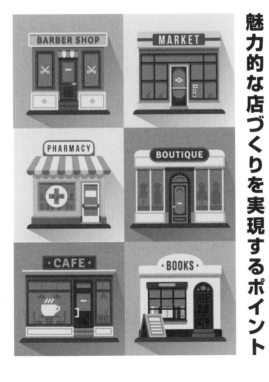

同友館

はじめに

　私の生まれ育ったのは、東京の下町、谷中というところです。今でこそ「谷根千（やねせん）」と呼ばれ、インバウンドや観光客でにぎわっていますが、昭和の時代はどこにでもある下町でした。当時は、商店街とりわけ地元のお店が元気で、幼いころの私は、毎日のように母にくっついて買物に出かけていました。今考えれば、顔なじみの商店主と母との会話を聴きながら、お店について学習していたのかもしれません。そんな環境で育ちましたから、私は無類のお店好きです。お買物のお手伝いが大好きでしたし、中学生の頃は友達と百貨店でかくれんぼをしたりしていました。今でも、時間があればお店を訪問しています。出張ついでに、新規オープンの商業施設を見て回るのも楽しみのひとつです。

　そんな私が、20代のころ出会ったのが店舗施設マネジメントでした。中小企業診断士の勉強（当時は商業部門と工業部門に分かれていました）の中で、「店舗施設管理」という科目に出会ったことが、私の人生を変えたといっても過言ではありません。「自分がやりたかったことはこれだ」と確信しました。店舗施設管理との出会いが、私がコンサルタントを目指すきっかけとなりました。その後、いくつかの転職を経て独立、現在は流通業のコンサルティングをしています。今でも、お店の訪問指導をするときは、ワクワクします。お店を見ていると、さまざまな発見があり、お店を元気にするヒントがいくつも見つかるからです。

さて、本書を執筆しようと思い立った背景のひとつには、昨今の小売業の変化があります。ネット販売が進展するなか、リアル店舗が苦戦を強いられています。特にコロナ禍が、ネット販売を飛躍させました。見方を変えれば、コロナ禍がリアル店舗の弱点を浮き彫りにしたといってもよいでしょう。不要不急の外出が控えられると、それまでのように顧客が気軽にお店に立ち寄ることがなくなりました。一方、人との接触なしで買物ができるネットショップは、販売領域を拡大していきました。ネットで何でも買える時代に入ったので、わざわざ出かけたくなるお店でなければ、生き残りは困難となりました。それでは、「わざわざ出かけたくなる」お店とはいったい何なのでしょうか。一言でいえば、魅力的なお店ということでしょう。本書は、魅力的なお店となるための、「お店のしくみ」について記したものです。

　私は40年近くコンサルティングに携わってきましたが、店舗とはきわめてシステム的な仕掛けだと思っています。顧客の買物行動は情緒的ですが、店舗施設は機能的です。顧客の購買意欲を喚起する仕掛けを、店舗や売場に施すことが、まさに店舗施設マネジメントです。顧客が思わず足を止める店頭や売場、思わず手に取ってしまう陳列などは、店舗施設マネジメントのなせる業です。

　私は長年、店舗指導をしてきました。当初は、ショッピングセンターのテナントの指導をしていましたが、中心市街地の活性化が叫ばれるようになってからは、もっぱらまちなかの路面店を指導しています。店舗指導は、その成果が「見える」ところに特徴があります。成果がわかりやすいので、経営者にも行動していただけます。

特に、コンサルの初期段階では店舗指導は有効で、目に見える成果をベースにクライアントとの信頼関係も深まっていきます。

　こうしたコンサル業務と並行して、中小企業診断士の育成にも従事してきました。当初は中小企業診断士1次試験対策（当時の科目では「店舗施設管理」）のお手伝いをしていましたが、近年は登録養成課程（2次試験の代わりとなるコース）で、店舗施設マネジメントの講義や実習指導をしています。本書を執筆しようと思い立った、もうひとつの理由がここにあります。

　今の試験制度では、1次試験で学ぶ店舗施設の知見の習得が十分とは言えません。結果として、養成課程においては、店舗診断の基本的知識がない受講生が、診断実習に臨むことになります。診断実習とはいえ真剣勝負ですから、生半可な提言は許されません。受講生は、店舗施設に関する参考図書を探すのですが、陳列やレイアウトといった各論の書籍はあるものの、店舗施設全体について書かれている本がありません。今回の執筆は、こうした事情を踏まえて、店舗施設マネジメントについて、総合的に記述しました。

　そのため、できるだけわかりやすくすることを心がけました。たとえば、事例を盛り込んだり、図表を多くしました。また、顧客目線からの記述も意識的に盛り込み、誰でも理解できるようにしました。さらに、実戦で活用していただけるように、巻末に店舗診断チェックリストをつけました。

　そんな思いで執筆しましたので、できるだけ多くの人に読んでいただきたいと思っています。経営者はもちろん、店舗指導に当たっているコンサルタント、商工会や商工会議所の経営指導員、チェーン

店のスーパーバイザー、中小企業診断士を目指している人など、お店に関わる多くの人に読んでいただきたいと思っています。

　本書を出版するにあたって、多くの方にご協力いただきました。平面図を作成していただいた柿澤さん、イラストを描いていただいた公子さん、ケーススタディ執筆にご協力いただいたMブラシ専門店さんとI中華料理店さん、そして出版にご助言いただいた同友館の鈴木取締役、ここに改めてお礼を申し上げる次第です。

　本書を通じて、元気な店づくりに貢献できるなら、本望です。

太田　巳津彦

目次

序章　店舗とは

1．売上高の中身を見てみよう …………………………… 13
2．店舗の3要素 …………………………… 14
3．店舗機能とは …………………………… 15

第1章　入りやすい店づくり

1．入りやすさとは …………………………… 20
　1 入りにくい店舗の特徴 …………………………… 20
　　事例1　店外での呼び込みが入店を阻害する …………… 20
　　事例2　顧客の滞留が入店を促進する …………………… 21

2．店内の見通し …………………………… 23
　1 開放度と開放感 …………………………… 23
　　事例3　店頭の陳列棚が入店を阻害する ………………… 25
　　事例4　カフェカーテンの効用 …………………………… 25

3．店頭の役割と店頭演出 …………………………… 27
　1 店頭の役割 …………………………… 27

2 好感をもたれる店頭イメージづくり ……………………… 28
　事例5　ブラックボードで来店客増加 …………………… 29
3 ショーウインドウの演出 ………………………………… 30
4 エントランススペースの演出 …………………………… 31
5 明るさの演出 ……………………………………………… 32
6 おすすめ商品の表現 ……………………………………… 33
　事例6　店頭のおすすめハンガーで入店促進 …………… 34

第2章 選びやすい店づくり

1．レイアウトの基本 ………………………………………… 40
　1 ゾーニングとレイアウト ……………………………… 40
　　事例7　靴店の五本指ソックス ………………………… 50
　2 動線設計 ………………………………………………… 50
　　事例8　動線調査の結果からレイアウトを変更 ……… 56
　3 集視ポイントで客動線延長 …………………………… 57
　4 ゴールデンラインで見やすく目立たせる …………… 58

2．陳列 ………………………………………………………… 60
　1 陳列の基本3原則 ……………………………………… 60

2 見せる陳列－展示型陳列 ………………………………… 64
　　3 買わせる陳列－補充型陳列 ……………………………… 66
　　4 クロスマーチャンダイジング …………………………… 72
　　5 アクセント陳列 …………………………………………… 72
　　　　事例9 きれいに陳列されているのに売れない雑貨店 ……… 73
　　6 主な陳列手法と留意点 …………………………………… 74

3．戦略的ディスプレイの展開 ………………………………… 85
　　1 戦略的ディスプレイの目的 ……………………………… 85
　　2 購買促進につながるディスプレイ方法 ………………… 86
　　3 注目率の集まる売場づくり ……………………………… 87
　　4 POPの有効活用 …………………………………………… 89

第3章　親しみやすい店づくり

1．顧客の店内における購買特性 ……………………………… 96
　　1 AIDMAS …………………………………………………… 96
　　2 購買行動モデルと店舗側の対応 ………………………… 98
　　3 計画的購買と非計画的購買 ……………………………… 100

2．昨今の購買行動＝カスタマージャーニー ……… 104
- 1 カスタマージャーニー ……………………………… 105
- 2 カスタマージャーニーマップの事例 …………… 108
- 3 求められる店舗の役割 …………………………… 108

3．販売促進 …………………………………………… 109
- 1 店内販促 …………………………………………… 109
- 2 人的販売 …………………………………………… 112

4．顧客満足とは ……………………………………… 115
- 1 なぜ顧客満足度の向上が大切なのか …………… 115
- 2 事前の期待と事後評価 …………………………… 115
- 3 顧客満足の3パターン …………………………… 116
- 4 評価基準の違い …………………………………… 116

5．不満解消が顧客満足向上策なのか ……………… 118
- 1 「当たり前のこと」と「願い」 ………………… 118
- 2 「当たり前のこと」は進化する ………………… 118
  - 事例10 コンビニのレギュラーコーヒー ………… 119
- 3 期待に応える安心感か、期待を上回る感動か … 120

- 4 利用動機と期待 …………………………………… 120
- 5 店舗の特徴の明確化 ……………………………… 121
- 6 お客様の期待に応える具体策 …………………… 122

第4章 店舗コンサルティングのケーススタディ

1．Mブラシ専門店（東京都台東区）のケース ……………………… 126
- 1 店舗の概要 ………………………………………… 126
- 2 依頼内容 …………………………………………… 127
- 3 コンサルティング・ロードマップ ……………… 127
- 4 課題 ………………………………………………… 128
- 5 提案内容 …………………………………………… 130
- 6 コンサルティングによる成果 …………………… 134

2．I中華料理店（神奈川県川崎市中原区）のケース ……………… 136
- 1 店舗の概要 ………………………………………… 136
- 2 依頼内容 …………………………………………… 136

３　コンサルティング・ロードマップ ……………………… 137
４　課題 …………………………………………………… 137
５　提案内容 ……………………………………………… 139
６　コンサルティングによる成果 …………………………… 141

補章　飲食店の店づくり

1．飲食店における顧客の行動の特殊性 ………………… 146
2．店頭 …………………………………………………… 146
3．サンプルケース ………………………………………… 148
4．メニュー表 ……………………………………………… 148
5．飲食店のチェックポイント ……………………………… 149

付録　店舗診断チェックシート

1．物販業種業態向け　店舗チェックリスト …………… 150
2．飲食業種業態向け　店舗チェックリスト …………… 153
3．サービス業種業態向け　店舗チェックリスト ………… 156

コラム❶	活性化ということ …………………………… 36
コラム❷	おすすめという魔法 ………………………… 38
コラム❸	叱ってくれる店員さん ……………………… 92
コラム❹	旅先では、ついつい衝動買いしてしまう ……… 94
コラム❺	お客様のわがまま …………………………… 123
コラム❻	お店がサードプレイスになる ……………… 144

序章 店舗とは

1 売上高を構成する要素

　店舗は、多くのお客様に来店してもらい、多くの商品を買ってもらうことで目標利益を得るための建物です。そこで、まずは店舗と売上高の関係について見てみましょう。

　売上高とは、店舗がお客様に商品やサービスを販売することによって得た金額のことです。これを顧客の視点から捉えた場合、売上高の構成（売上高の公式）は以下のように示すことができます。

　　売上高＝買上客数×客単価　……①式
　　　＝（入店客数×買上率）×（商品単価×買上点数）
　　　＝（店前通行客数×入店率×買上率）×（商品単価×買上点数）

　ここで、入店率は「店舗への入りやすさ」、買上率は「売場の買いやすさ（商品の選びやすさ）」、そして商品単価（1品当たり平均単価）や買上点数は「販売員の親しみやすさ（顧客満足）」に影響

を受けます。したがって、①式は、以下のように置き換えることができます。

売上高＝入りやすさ×買いやすさ×親しみやすさ　……②式

さらに、店舗への入りやすさは「店舗力」に、売場の買いやすさは「店舗力」と「商品力」に、販売員の親しみやすさは「接客力」に影響を受けていると考えられます。したがって、②式は、以下のように置き換えることができます。

売上高＝店舗力×商品力×接客力　……③式

このように、「店舗力」は売上高の重要な構成要素のひとつであり、店舗力を向上させることが売上の向上につながるといえます。

2　店舗の3要素

前掲の売上高の公式（②式）で示したように、店舗には「入りやすさ」、「選びやすさ（買いやすさ）」、「親しみやすさ」の3要素が必要です。これは良い店舗の条件でもあります。

①入りやすさ

店舗には、誰でも、いつでも、気軽に入ることができる、入りやすさが大切です。まずはお客様に店舗に入っていただかないことには商売は始まりません。

②選びやすさ

　店内に入ったら、買いたい商品がすぐに見つかる、類似商品との比較検討ができるといった選びやすさが求められます。

③親しみやすさ

　リピーターをどれだけ確保できるかが、店舗、特に地元に密着した店舗にとって重要です。押し売りや売りっぱなしといった行為は、お客様を裏切る行為であり、何より再来店を促しません。ほかの店舗に流れ、結果的に業績低迷を招いてしまいます。お客様に喜んでお買い上げいただくためには、親しみやすさは不可欠です。

3 店舗機能とは

　店舗には、主に6つの機能があります。これらは、店前を通行する人に店舗の存在に気づいてもらい、興味をもってもらい、入店してもらう。そして、店内ではゆっくりと隅々まで商品を見てもらい、買ってもらうための一連の仕組みです。

①店舗の存在を強調（訴求）する機能

　まずは、数ある店舗の中から通行人に店舗の存在を知っていただかなければなりません。外装、看板、店頭演出などによって、この機能は発揮されます。この機能で、通行人は店頭に立ち止まることになります。

②店内へ誘導する機能

　店頭に立ち止まったら、そのまま店内に入っていただく必要があります。ショーウインドウ、出入口などで店内への誘導機能は発揮されます。すなわち、ショーウインドウでどんな商品を扱っているかを表現し、自店の主力商品をアピールします。また、入りやすい出入口（自動ドア）になっているか、店内の見通しはよいかなどの視点も大切です。

③商品選択の機能

　店内に入っていただいたら、今度は商品を見ていただかなくてはいけません。ここで重要なのが陳列（ディスプレイ）です。陳列には、見やすいか、手に取りやすい（触れやすい）か、比較検討できるかといった選びやすさが求められます。

④購買促進の機能

　商品によっては、見ただけでは購買に至らないこともあります。たとえば、スラックスであれば試着できなければなりませんし、医薬品のように販売員（薬剤師や登録販売者）の説明を受けないと買えない商品もあります。この場合は、試着室や相談カウンターなどのサービス施設が必要になります。

⑤イメージ高揚の機能

　商品をより魅力的に見せる演出が行われ、店内での居心地がよいと、さらにお客様の購買意欲が促進されます。具体的には、照明、色彩計画、BGMなどを工夫することでイメージアップを図ること

図表序-1　店舗の機能

機能	要素
1．店の存在を強調する機能 「お店の存在はわかるか」	外装、看板、店頭
2．店内へ誘導する機能 「入りやすいか」	ショーウインドウ、出入口、店内見通し
3．商品選択の機能 「選びやすいか」	陳列
4．購買促進の機能 「買いやすいか」	サービス施設、相談コーナー
5．イメージ高揚の機能 「雰囲気はよいか」	色彩、照明、BGM
6．店内巡回及び滞留時間延長の機能 「居心地はよいか」	店内通路、レイアウト

ができます。

⑥店内回遊および滞留時間延長の機能

　お客様にできるだけ長く店内に滞在していただくことで、買上点数が増える可能性が高まり、結果的に売上の向上につながります。回遊しやすい通路設定や、ついで買いしやすいレイアウト設計が求められます。

第 1 章

入りやすい店づくり

1 入りやすさとは

1 入りにくい店舗の特徴

　店舗の第一の要素である「入りやすさ」を考える前に、逆に入りにくい店舗について考えてみましょう。

　筆者は以前、某都市の地下街にあるテナントの店長研修で、「入りにくいお店とはどんな店か」というテーマでワークショップ形式の研修を行いました。そこでは、次のような店舗が入りにくいお店の具体例として発表されました（**図表1-1参照**）。

　ここで、①から④は心理的な入りにくさ、⑤から⑨は物理的な入りにくさを表しています。この結果から、入りやすい店舗とは、このような障害を排除したお店であるということがいえます。

事例1　店外での呼び込みが入店を阻害する

　今から数年前の冬、都内の某地下街での出来事です。その年は暖冬でした。ある店舗（毛皮店）で、販売員が店前の通路に出て、通

図表1-1 「入りにくいお店」の具体例

①店頭や出入口に販売員が立っている店
②入ろうとすると販売員と目線が合ってしまう店
③お客様の1人もいない店
④販売員のいない店
⑤外から店内の様子がわからない店
⑥出入口に段差のある店
⑦出入口の幅の狭い店
⑧店構えの立派すぎる店
⑨出入口が閉まっていて、わざわざドアを押したり引いたりしないと入れない店

行客の「呼び込み」をしていました。

販売員としては、1人でも多くのお客様に入っていただきたい一心で、通行客に声掛けをしていたのでしょう。しかし、通行客は「つかまりたくない」と言わんばかりに、足早に店前を通過していきます。一所懸命に店の外まで出ていった行為が、逆にお客様を遠ざけてしまったわけです。

事例2　顧客の滞留が入店を促進する

「店内にお客様が1人もいないと入りにくい」ということは、裏を返せば「店内にお客様がいれば入りやすい」ということです。

よく「客が客を呼ぶ」などと言われます。常にお客様がいる状態をつくることができれば、千客万来も夢ではないかもしれません。それを実践している企業があります。

コーヒーと輸入食材を扱う「カルディコーヒーファーム（KALDI COFFEE FARM）」です。同社の店舗は、いつ行っても必ずお客様がいます。筆者は、店頭で振る舞っているコーヒーの試飲にその秘密があると考えています。どのお店でも店頭で紙コップに入ったコーヒーをお客様に手渡しています（店頭販売ではありません）。紙コップなので、お客様も気軽に受け取ってくれます。多くのお客様は、コーヒーを片手に買物をすることとなり、自ずと店内に滞留する時間が長くなります。その結果、いつもお客様がいる状況が出来上がるというわけです。

　街中の店舗だけではなく、郊外のショッピングセンターの平日午後３時頃（いわゆるアイドルタイム）でも、カルディコーヒーファームの店内はお客様で賑わっています。入りやすいので、ついつい立ち寄ってしまうということなのでしょう。

2　店内の見通し

1　開放度と開放感

　入りやすさの中でも特に重要なのが、店の外から店内の様子が見えるということです。

　図表1−2は、開放度と開放感を示した図です。開放度とは、物理的に空いているかの度合いを示した指数であり、開放感とは、外からの店内見通しの度合いを示した指数です。

　左上の図は、ドアとショーウインドウがあり、ショーウインドウのバックには壁があります。ドアとスクリーンで遮蔽されているので開放度は0％です。店内を見通せるのはドア部分とスクリーン部分だけで、ショーウインドウからは店内が見通せないので、開放感は60％です。

　また、下の図は出入口のドアがなくオープンなので、開放度は20％です。そして、ショーウインドウに壁がなく店内がすべて見通せるので、開放感は100％です。

　たとえば、コンビニエンスストアの場合、出入口のドアはいつも

図表1−2　開放度と開放感

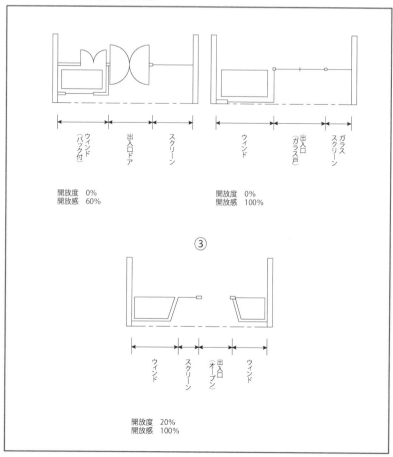

閉まっているので開放度は0％ですが、ガラス越しに店内はすべて見えるので、開放感は100％です。

事例3　店頭の陳列棚が入店を阻害

　これは、以前筆者がお手伝いした花屋さんのケースです。もともと路面店として営業していましたが、縁あって駅前のショッピングセンターにテナント出店しました。

　売上高をお聞きすると、筆者が予想した額の10分の1程度でした。立地もよく、店前を通行する人の数もかなり多い状況です。そこで、念のために店頭の通行量と店内の客動線を調べてみました。

　すると、店頭に陳列されているブーケを衝動買いするお客様と、直接レジに来て花束をご注文されるお客様がほとんどであることがわかりました。店内には鉢物やアレンジメントなどさまざまな商品が陳列されているにもかかわらず、店内に滞留するお客様はほとんどいませんでした。

　最大のネックは、店頭に設置された背の高いチェストでした。チェストによって店内の様子は外からはほとんどわかりません。店内に商品を陳列しても、店前を通る人にはわからないので、なかなか入店する人はいません。

　調査結果をオーナーに示し、チェストを撤去していただきました。その結果、売上は当初の10倍になりました。

事例4　カフェカーテンの効用

　これも以前筆者がお手伝いした中華料理店のケースです。間口が狭く、奥行きのある店舗ですが、店頭はガラススクリーンになっていて、店内の見通しがよい構造となっていました。しかし、どうい

うわけか内側からカーテンを吊るし、店内の様子がわからないようにしてしまいました。

　理由を尋ねると、「窓際の席に座られたお客様が、通行人から見られて落ち着かないだろう」と店主が判断してカーテンを吊るしたとのことでした。店内の様子がよくわからないので、新規のお客様のご来店が極めて低い状況でした。住宅地に立地しているため、「食事している姿を近所の方に見られたくない」という顧客心理はよくわかります。しかし、そのために、お店に入りにくくしてしまっては元も子もありません。

　そこで提案したのが、目隠しになるカフェカーテンです。店の外で見ているお客様（初めてのお客様）は、誰が食事をしているかに興味があるわけではありません。要は、この店は流行っているのか、混んでいないかといった情報が得られればよいわけです。

　カフェカーテンを吊るすことで、食事中のお客様の顔の部分は隠せるので、お客様のプライバシーは守られます。また、目線の部分が遮断されるので、「見られている」感もなくなり、落ち着いて食事をすることができます。外からは店内の様子、特にお客様の入店状況がわかるので、入りやすくなりました。

　こうしてカフェカーテンに取り替えた結果、新規のお客様が大幅に増えました。

3 店頭の役割と店頭演出

1 店頭の役割

店頭には次のような役割があります。

①店頭の通行者を立ち止まらせる

　店頭の一番の役割は、店の前を通行する人の目を引きつけ、立ち止まらせることです。そのために重要なのが、店頭の陳列です。魅力的な店頭陳列には、以下の要素が求められます。

　・テーマがある

　・旬な話題性を感じる

　・ニーズが高い

　・季節性がある

　・提案がある

　・こだわりを感じる

　・憧れの商品がある

　・驚きの価格の商品がある　　など

②入りたくさせる

　店頭には、入店したくさせる役割も求められます。まず店頭で、お店や商品の情報を発信します。また、思わず手に取りたくなるような商品を陳列して衝動買いを誘発することもできます。さらにはバーゲン商品（目玉商品）の販売場所にもなります。

2 好感をもたれる店頭のイメージづくり

　店頭は店舗の第一印象を決める重要な役割を担っています。お客様に好感をもってもらうためのイメージづくりが大切です。

①店頭完結型になっていないか、店内誘導の場になっているか

　店頭で反応を示したお客様を、その場での販売だけで終わらせるのでなく、店内にスムーズに誘導することができているでしょうか。

②大切な店頭イメージ

　初めて来店されるお客様は、店頭で「この店はどんな店なのか」をイメージします。たとえば、以下のような好イメージを抱かせることは店頭の大切な役割です。

・いろいろな商品やサービスがある

・楽しそうなお店だ

・きれいな売場だ

・あれこれいろいろ見て回れる

・入口のディスプレイが素敵だ

・気軽に入りやすい　など

③店頭陳列に向く商品

　店舗のイメージ（コンセプト）を表現し、また衝動買いを誘発するためには、以下のような商品を店頭に陳列するとよいでしょう。

- ・新商品
- ・流行商品
- ・季節商品
- ・おすすめ商品
- ・主力商品
- ・お買い得商品　など

④店頭の演出方法

　陳列以外に店頭を魅力的に演出するための対策として、以下のようなことが挙げられます。

- ・店内見通しの向上
- ・店頭のデザイン
- ・足を止めさせるPOPの掲示
- ・ブラックボードの設置　など

事例5　ブラックボードで来店客増加

　都内某所にあるブラシ専門店のケースです。ブラシ職人が経営する店舗で、筆者が店づくりについて1年間指導しました。店主が職人のため、モノづくりは得意なのですが、店舗の演出ができていま

せんでした。また、商売人ではないので、あれこれ指導しても実施できないのではないかという懸念もありました。

　店舗は繁華街にあり、店前の通行量が比較的多い立地ですが、しばらく見ていてもほとんどの人が通り過ぎてしまい、店頭に立ち止まる人はいませんでした。そこで、「まずはお店の存在を知ってもらおう」ということで、コストも少なく、POP作成のスキルがなくてもできるブラックボードを店頭に設置することを提案しました。

　ボードに描くのは店名とおすすめ商品ですが、できればイラストを加えてほしいとお願いしました。1か月後に訪問すると、多くのお客様にご来店いただいており、結果的に売上増につながっていました。たまたまアルバイトスタッフに絵心のある方がいたり、値頃な歯ブラシ（天然毛）をおすすめしたことも奏功しました。

　ブラックボードのよいところは、低コストで設置できる、誰でも書（描）ける、目立つという点です。
（第4章のケーススタディに詳細を掲載しています。）

3 ショーウインドウの演出

　商品を意識的に見せるショーウインドウは、以下のようなポイントに留意すると効果的な演出ができます。

①お店らしさの表現

　誰のためのお店なのか（どのようなお客様に来店してもらいたいのか）を明確にします。たとえば、主力商品やおすすめ商品をアピ

図表1-3　バッグ店のショーウインドウの演出

ールすることで店舗の特徴やセンスを表現できます。

②小道具による演出

　商品を目立たせるために、家具や置物といった小道具を活用するとよいでしょう。

4 エントランススペースの演出

　お客様をお出迎えするスペースであるエントランススペースは、以下のようなポイントに留意すると効果的な演出ができます。

①ワクワク感の演出

　入店しようとするお客様に「どんなお店なのか」という期待感を抱かせるような、ワクワクするスペースにすることが大切です。

図表1-4　エントランススペースの演出

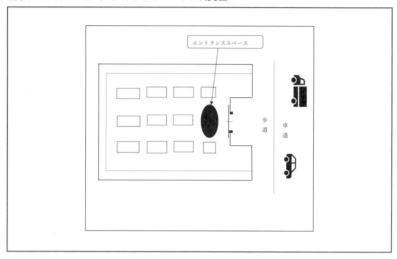

②店内に引き込むための仕掛け

　エントランススペースにあえて陳列什器を置かず空間にしておくことで、入りやすい店舗になります。

③店頭でアピールするための仕掛け

　エントランススペースに陳列什器を置いて通行客にアピールすると効果的です。たとえば、エントランススペースにセール品（特売商品）を陳列することで、セール期間であることがアピールできます。

5 明るさの演出

　店頭部分を明るくすることで、店舗の存在をアピールしたり、入

店を促すことができます。

①色彩による明るさ感

淡い色と濃い色を組み合わせること（カラーコーディネート）で明るさを演出します。

②素材による明るさ感

自然素材による演出（温かさ）で明るさを演出します。

③季節感の演出による明るさ感

春は桜、秋は紅葉というように、季節感を演出することで明るさを演出します。

6 おすすめ商品の表現

積極的な店頭演出の方法として、店頭でおすすめ商品をアピールすることも効果的です。お客様は、魅力的な提案と情報発信がある店舗には、わざわざ足を運んでくれます。特に、昨今のようにインターネットでの購入に慣れているお客様にとって、リアル店舗（実店舗）での積極的な情報発信は効果的です。

①わからないから利用しないお客様

首都圏の某都市で、「地元の店舗を利用しない理由」を街頭アンケートしたところ、「どんな店なのかわからないから」という回答が第1位でした。どんな商品をどんな人が売っているのか、店の特

徴は何かなど、その店舗のことがわからないために利用していないということが判明しました。

②食わず嫌いなお客様

　店舗を利用していないお客様の多くは、実は一度も入店したことのない「食わず嫌い」なお客様です。

③おすすめ商品は店舗とお客様を結ぶ「絆」

　おすすめ商品を積極的にアピールすることで、お客様はその店舗の特徴を理解することができます。おすすめ商品が、店舗とお客様を結ぶ懸け橋になります。

　誰におすすめするのか、何を発信するのかを、店舗として明確にすることが最初の一歩です。店頭におすすめ商品を陳列したり、ブラックボードで告知することから始めてみましょう。

事例6　店頭のおすすめハンガーで入店促進

　筆者は長年にわたり「一店逸品運動」を推進しています。一店逸品運動とは、一言でいえば、店舗が「おすすめの逸品」をアピールして、新規客を開拓していこうとする運動です。

　筆者がお手伝いしている店舗に、北九州市のブティックがあります。そのお店は、生鮮食品を中心とした、平日の夕方には多くの買物客で賑わう近隣型の商店街に立地しています。先代から続くお店で、以前はシニア向けのブティックでしたが、今のオーナーに代替わりしてから、30代〜40代のミセス向けのカジュアル衣料品に品

ぞろえを転換しました。

　以前のイメージが強いのか、なかなか新規のお客様が開拓できていませんでした。そこで、逸品として「マワハンガー」を選定し、店頭に陳列しました。マワハンガーは、ビニールコーティングされたハンガーで、衣類が型崩れしにくいという特徴を持った商品です。ドアを開け放ち、店頭にディスプレイしたところ、お客様が気軽に立ち寄るようになり、気に入った方はそのまま購入していきました。

　ハンガーの効果は、その売れ行きだけではありませんでした。購入をきっかけに、その後リピーターになってくれたお客様が増えました。店頭のハンガーをきっかけに入店し、店内のいろいろな商品を見て品ぞろえの特徴を知っていただけたようです。ドアを開けて入りやすくし、おすすめ商品で店舗の特徴を知っていただけたことが、新規顧客の開拓に功を奏したようです。

写真1-1　ブティックの一店逸品運動（ハンガー）

コラム① 活性化ということ

　私は長年経営コンサルタントをしていますが、「活性化」という言葉をよく耳にします。「まちの活性化」、「店舗の活性化」、「組織の活性化」などです。

　そこで私が特に疑問に思うのが、まちの活性化では賑わい、店舗の活性化では売上アップなどが活性化の具体策として語られることです。というのも、賑わいや売上アップは活性化の「結果」に過ぎないのではないかと思うからです。

　活性化とは、結果ではなく「行動」と私は考えます。文字どおり「生き生きと活動していること」が活性化ではないでしょうか。まちでは、そこに住む人や商売をしている人が元気に暮らしていることが活性化でしょう。商店街が人で賑わっているのが活性化ではなく、商店街の活動が活発に行われていることが活性化で、その結果として賑わいが生まれるのではないでしょうか。

　また、店舗の活性化とは、お店の人が元気に商売をしていること、たとえば、お客様のニーズを先取りした品ぞろえを提案したり、ときどきお客様が喜ぶイベントを実施しているお店が、活性化している店舗でしょう。そうした活動の結果、売上のアップという「結果」が実現されるのです。

さらに、フットワークのよい店舗も活性化しているといえるでしょう。以前私が指導したベーカリーでは、課題を指摘すると店主がその場ですぐに改善していました（乳製品の陳列場所の移動）。ちなみに、そのお店は断トツ地域一番店です。フットワークよく、常に変化にチャレンジして活動しているお店が、活性化している店舗なのです。

　もうお気づきと思いますが、活性化とは人にやってもらうのではなく、「自発的な行動」なのです。元気にするのは自分自身であって、他人に元気にしてもらうわけではありません。私のようなコンサルタントは、元気になるお手伝いをしているだけです。究極の指導は、「元気になりたい」と経営者に気づいていただくことだと、私は考えています。

コラム② おすすめという魔法

　ネットショッピングをしていて、検索したらあまりにも多くの商品が紹介されていて、選ぶのに苦労した挙句、買うのをやめてしまったという経験は誰しもお持ちではないでしょうか。たくさんの商品から選べることは、便利なようでけっこう面倒なものです。

　人は、迷ったときに背中を押してくれる「一言」が欲しいのです。私はネットで迷ったら、実際に店舗に出向き、事情を話して店員さんから「おすすめ」をしていただくようにしています。

　以前、ツイードのジャケットが欲しくて、ある衣料品専門店に行きました。私はオーソドックスなツイードを選んでいたのですが、ベテランらしい店員さんから「着るのはタダですから、こちらの商品も試着されませんか」と、ややスタイリッシュなツイードのジャケットを勧められました。まったく想像していなかった商品でしたが、とても気に入り今でも愛着しています。

　店員さんの「おすすめ」で商品との出会いが生まれたわけです。まさに魔法です。

第 2 章

選びやすい店づくり

1 レイアウトの基本

　店舗のレイアウト設計は、商品特性とお客様の店内での購買行動に左右されます。たとえば、コンビニエンスストアのような日常品（日常生活において生活必需性が高く、購買頻度の高い商品）を扱い、短時間で買物を済ませる店舗の場合、通路設定はスクエアで単純になり、レイアウトは基本的にわかりやすいことが求められます。

　一方、ブティックのような非日常性の高い商品（スタイルやデザイン、ファッション性を重視する個性化された商品）を扱い、買物にある程度の時間をかける店舗の場合、通路設定は斜めで複雑になり、レイアウトは基本的にゆとりのある空間演出が求められます。

1 ゾーニングとレイアウト

　通路（動線）設定や具体的な商品の配置を考える前に、まずは店舗全体をいくつかのかたまり（部門）で構成するゾーニングを行います。お客様が入りやすく出やすく、しかも買物がしやすいように

図表2-1 レイアウトの基本

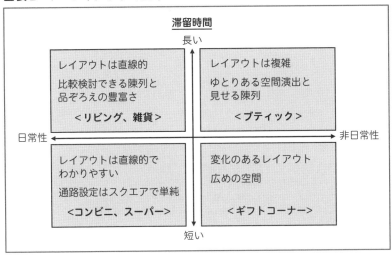

部門を設定し、それに該当する商品群を店舗全体に効果的に割り振ります。

①商品分類とゾーニング

ゾーニングをするための切り口として、まずは商品分類を行います。一般的には、主力商品、補助商品、付属商品、刺激商品の4つに分類する方法があります。また、業種・業態の特性に応じたグルーピングの方法もあります。

いずれの手法も、お客様の購買行動、とりわけ商品選定の基準に基づいています（**図表2-2、2-3**参照）。

②購買行動とゾーニング

ゾーニングの基本は、お客様の店内での購買行動に合わせること

図表2-2　商品分類の例

商品群	商品例	陳列場所
主力商品	定番商品　季節商品　おすすめ商品	主通路に沿って陳列
補助商品	常備商品　値頃商品	副通路に沿って陳列
付属商品	ついで買い商品	レジカウンター付近
刺激商品	新商品　目玉商品	ゴンドラエンドコーナー部分

図表2-3　グルーピングの例

グルーピング	業種業態、売場
価格別	ギフトコーナー
用途別	ホームセンター　家具店
種類別	精肉店　果物売場
年代別	子供服店
性　別	靴店　玩具店
色彩別	タオル売場
デザイン別	衣料品店
ブランド別	鞄店　化粧品売場

です。たとえば、ドラッグストアの場合、一般用医薬品と化粧品では購買動機が大きく異なるため、医薬品ゾーンと化粧品ゾーンを明確に区分する必要があります。そしてその2つのゾーンの中間に日用雑貨やベビー用品などを配置します（**図表2-4**参照）。

　また、靴店の場合、紳士靴と婦人靴では明らかに購入者が異なる（男性客か女性客か）ため、紳士靴ゾーンと婦人靴ゾーンを明確に区分します。ちなみに、スニーカーやウォーキングシューズのようなユニセックス商品は、2つのゾーンの中間に配置します。

さらに、お客様の来店動機に合わせて、店頭は通行客を引き付ける「誘引ゾーン」、店央は来店客が自由に動き回れる「自由回遊ゾーン」、店奥は目的商品をじっくり選択できる「魅力発見ゾーン」の３つにゾーニングすることも有効です（**図表２-５**参照）。

③レイアウト設定

多くの売場を興味深く、しかも効率的に回遊し、立ち寄ってもらうことがレイアウトの基本です。お客様の来店動機や購買心理などを十分に考慮し、買いやすい商品を組み合わせて売場をつくります。

図表２-４　ドラッグストアのゾーニングの例

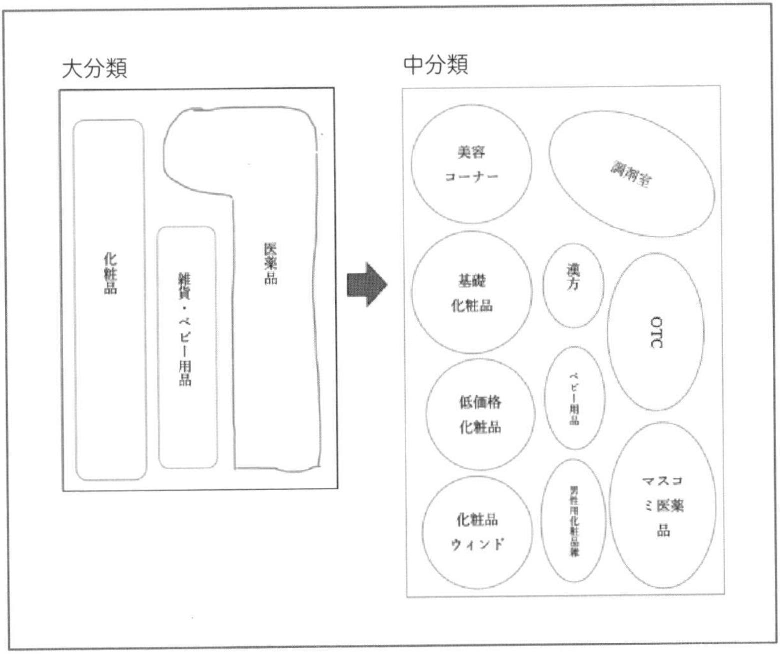

図表２−５　売場を３つのゾーンに分けた例

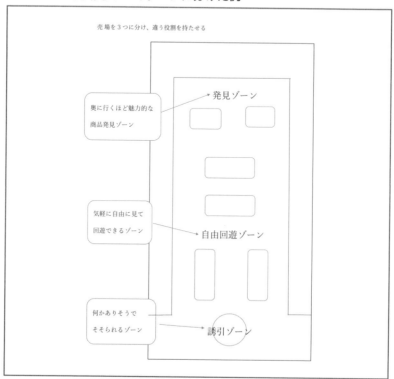

④主な業態のレイアウト

　主な業態のレイアウトの特徴は、次のとおりです。

【スーパーマーケット】

　スーパーマーケットは、直線的でスクエアな通路設定になります。基本的な動線となる主通路に沿って、生鮮三品（青果・精肉・鮮魚）および惣菜を配置します。また、調味料や加工食品などは店内の副通路（動線の選択性を高める通路）に配置します。

図表2-6 スーパーマーケットのレイアウト図

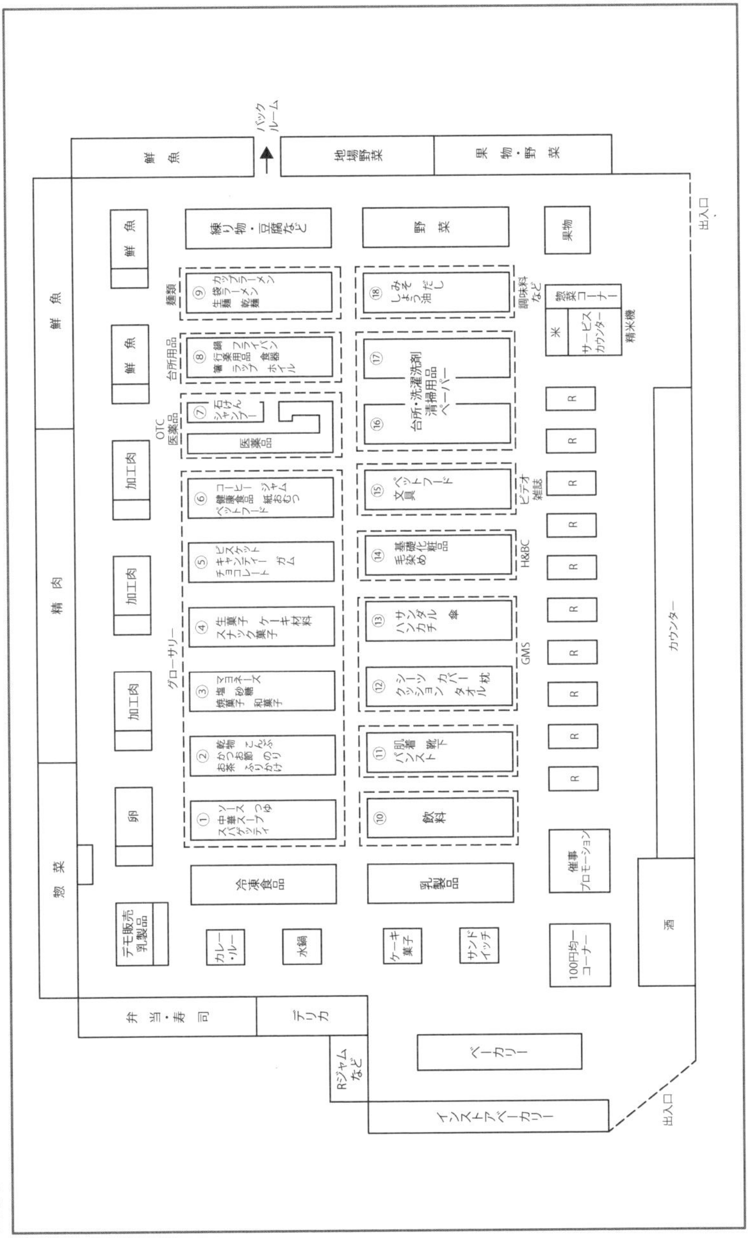

なお、主通路は入口から始まり、レジや出口まで一周（コの字型または逆L字型）していること、店内で最も幅が広いこと、直線で見通しがよいことといった条件を満たしている必要があります。

【コンビニエンスストア】

コンビニエンスストアもスーパーマーケット同様、直線的でスクエアな通路設定になります。主力商品である弁当や惣菜はレジ近くに配置します。また、飲料関係は店奥の壁面に配置されます。

さらに、万引き防止の観点から、レジカウンターと陳列棚は直角になるように配置します。

図表2-7　コンビニエンスストアのレイアウト図

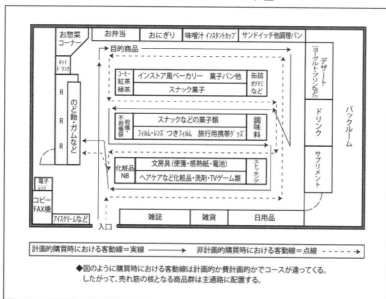

【ドラッグストア】

　ドラッグストアも直線的な通路設定が基本ですが、ポイントは、医薬品、化粧品、食料品の3つのゾーン構成となっていることです。販売形態は基本的にセルフサービス方式ですが、医薬品ゾーンには、サービス施設である相談カウンターを設置します。

【ブティック（衣料品専門店）】

　ブティックは、お客様が商品を探したり、比較検討するために店内を回遊するので、通路設定は複雑になります。陳列什器の基本はハンガーで、サービス施設として試着室を設けます。レジカウンターは店奥に配置し、お客様が落ち着いて会計できるようにします。

⑤目的買い、衝動買い、ついで買いと商品配置

　お客様の購買行動は、計画的購買行動である目的買いと、非計画的購買行動である衝動買いやついで買いに分類されます。

　一般的には、目的買いの商品は、お客様が商品を探索することをいとわないため、店奥に配置されます。衝動買いの商品は、お客様の目につきやすい店頭に配置されます。

　また、ついで買いの商品は、商品購入のついでに購入されるため、会計の際に目につきやすいレジ付近に配置されます。

　たとえば、**図表2-10**の酒販店の場合、衝動買いされやすい特売ワゴンやワイン（秋のボージョレヌーボー）は店頭に陳列してあります。そして、目的買いされるギフトや洋酒などは店奥に陳列されています。また、ついで買いされやすいタバコやおつまみなどはレジ近くに陳列されています。

図表2-8 ドラッグストアのレイアウト図

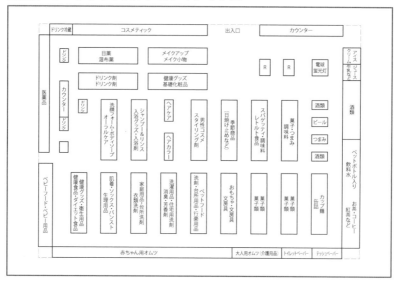

図表2-9 ブティックのレイアウト図

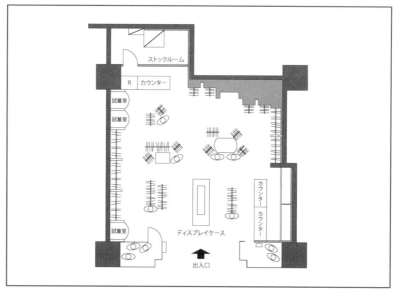

図表 2-10 酒販店のレイアウト図

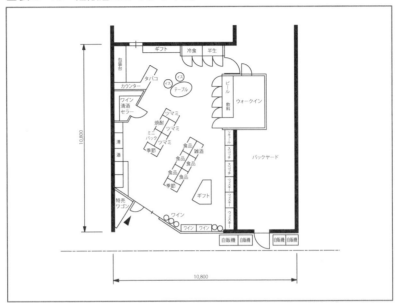

⑥売場の形態とレジ位置の関係

　レジの配置場所は売場の形態（販売形態）に大きく依存します。具体的には、セルフサービス販売の場合は店頭、対面販売の場合は店奥に配置されます。

　セルフサービス販売の場合、お客様が自由に店内を回遊し、商品をピックアップします。そこで、出口付近で会計を済ませていただくため、店頭にレジを配置します。

　一方、対面販売の場合、販売員が接客をしながらの商品購入となるので、レジは店奥に配置します。特に、やや高額な商品の場合、専門的なアドバイスなど会計時の接客も重要となるので、落ち着いて接客できる店奥にレジを配置します。

事例7 靴店の5本指ソックス

　神奈川県内の某靴店のケースです。その店舗の特徴は、「足にやさしい靴」に特化していることです。シューフィッターの資格を持つご夫婦で営業されていて、外反母趾をはじめ足にトラブルを抱えるお客様をターゲットとしています。いわゆるコンフォートシューズを中心に品ぞろえし、靴のオーダーにも応えていました。

　あるとき、筆者は店主から相談を受けました。「足にやさしいので、最近5本指ソックスを仕入れて販売しているが、思うように売れない。どうしたらよいか」との内容です。早速店舗を訪問してみると、5本指ソックスが店頭に陳列されています。素材が絹100％なので、単価も1,000円と、そこそこ値の張る商品です。

　靴屋さんでソックスを買うという場面を考えてみてください。最も多いのは、靴を買った「ついでに」、ソックスを買うというパターンではないでしょうか。そこで、陳列場所をレジ脇に移動していただきました。すると、お客様の会計時にお店の方もお勧めしやすくなり、面白いように5本指ソックスが売れていきました。靴の単価に比べて、5本指ソックスの単価は1桁少ないので、ついで買いしやすかったのではないでしょうか。

2 動線設計

　動線には、店内でのお客様の動きを示す「客動線」と従業員の動きを示す「店員動線」、そして商品の移動を示す「商品動線」の3種類があります。特に客動線は、物販店でのレイアウトや商品配置

を計画する際に重要な動線です。

①客動線の策定

　客動線はできるだけ長くすることが基本とされています。なぜなら、客動線を長くすれば、お客様の店内での滞在時間を延長することができるからです。店内での滞在時間が長くなれば、その分多くの商品と接することになるわけで、結果的に購入点数が増え、客単価がアップし、売上向上につながるからです。

　客動線を延長するためには、お客様が店内を抵抗なく動き回れるように、回遊性をよくすることが重要です。主通路には回遊を妨げるようなはみ出し陳列や包装台などがあってはいけません。

②パワーカテゴリーの効果的配置

　回遊性を延長させる手法のひとつに、効果的なパワーカテゴリーの配置があります。パワーカテゴリーとは、その店舗の主力商品であり、お客様の購買目的性の高い商品群を指します。

　たとえば、スーパーマーケットでは、生鮮三品と惣菜がパワーカテゴリーですが、パワーカテゴリーを主通路に沿って配置することで回遊性が向上し、客動線の延長が実現します（**図表2−11**参照）。

　また、コンビニエンスストアでは、弁当・おにぎりと飲料がパワーカテゴリーですが、あえて両者を離して配置することで、客動線の延長を図ることができます（**図表2−12**参照）。

③客動線調査

　新規オープンの場面だけでなく、既存店の売場の改善のためにも

図表2-11　パワーカテゴリーの配置による客動線の延長①
　　　　　（スーパーマーケット）

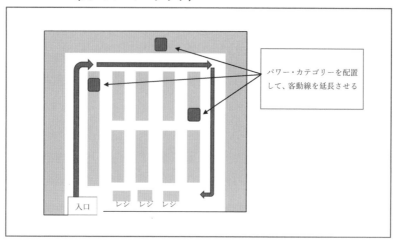

図表2-12　パワーカテゴリーの配置による客動線の延長②
　　　　　（コンビニエンスストア）

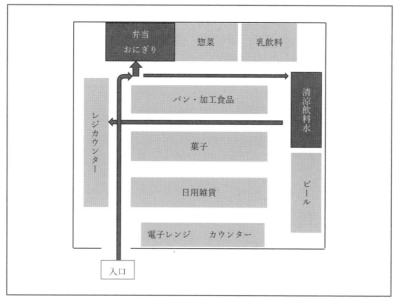

客動線調査は実施されます。お客様が立ち寄らない場所や、購買につながっていない場所が発見できるため、レイアウトの改善や商品配置の変更に役立ちます。

(a) 調査方法

客動線調査は、調査員が売場に立って、一人ひとりのお客様の動きを観察してレイアウト図に記入していきます。狭い店舗ならば一人でも調査できますが、広い店舗の場合は、調査範囲を分担して複数人で調査することとなります。

(b) 主な調査項目

主な調査項目は、通路ごとの通行量（通過人数）、売場ごとの立寄率と買上率です。ちなみに、立寄率と買上率の算出方法は以下のとおりです。

・立寄率＝売場（コーナー）に立ち寄った人数÷通過人数
・買上率＝売場（コーナー）で購入した人数÷通過人数

④客動線の活用例：数値を読み解く

お客様の通行量の少ない通路が見つかったら、その原因を探ってみましょう。

・通路が狭くなっていないか
・通路は暗くないか
・段ボールなどの障害物が通路上にないか　など

立寄率の低い場所が見つかったら、その原因を探ってみましょう。

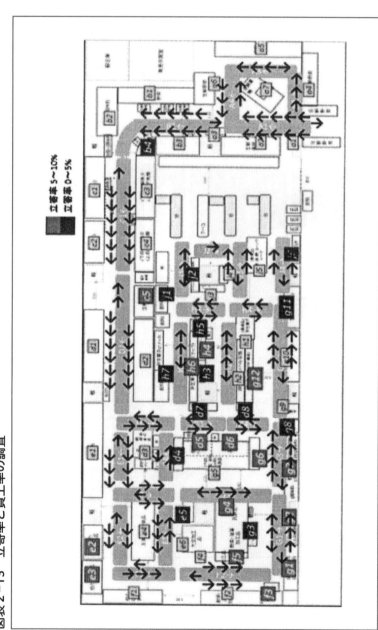

図表2-13 立寄率と買上率の調査

・陳列量は十分か（陳列に隙間ができていないか、フェイス管理はできているか）
・陳列商品に魅力はあるか　など

買上率の低い場所が見つかったら、その原因を探ってみましょう。

・お客様の手の届きやすい場所に陳列しているか（高すぎない、低すぎない）
・POPはついているか
・POPの内容は適切か　など

⑤飲食店では店員動線が重要

　飲食店では、主にホール担当者が配膳のために動く店員動線が重要になります。待機場所から客席に素早く動くことでサービスレベルは向上します。したがって、店員動線はできるだけ短くすることが重要です。

⑥2種類の店内見通し

　第1章でも触れましたが、店頭における店内見通しがよいことが、入りやすい店づくりの条件です。この場合は店の外からの店内見通しであり、業種・業態にかかわらずすべての店舗に共通する課題です。

　一方、レジや待機場所からの店内見通しが大切な業種業態もあります。たとえば、コンビニエンスストアや書店では、万引き防止の観点から、レジからの店内見通しの向上を図る必要があります。陳列棚の高さを抑えて、レジからの死角をなくすことが重要です。ま

た、レジカウンターと陳列棚の角度を直角にするといった工夫も大切です。

　飲食店の場合は、店員動線を短くするために、接客担当者の待機場所から客席の見通しをよくする必要があります。オーダーをはじめ、顧客の要求に素早く対応するためにも、待機場所からの店内見通しの向上は大切です。

事例8　動線調査の結果からレイアウトを変更

　関東の某ショッピングセンターにある生鮮市場のケースです。その生鮮市場の売場は、青果店、鮮魚店、精肉店の3社が共同で運営しています。

　筆者は店舗診断を依頼されたことから、調査の一環として客動線調査を行いました。すると、店奥まで伸びるはずの客動線が、ある部分で寸断されていました。具体的には、青果売場から精肉売場に伸びるはずの客足が途絶えていました。両売場の間に壁があったため、青果売場奥の通路から精肉売場に行くことができない構造になっていたことが原因です。

　要するに、生鮮市場内を回遊できる通路設定になっていなかったのです。早速、客動線調査の結果をオーナーに示して壁の撤去を提案しました。その後、壁を撤去していただきましたが、それに伴い売場構成の変更もしていただきました。結果的に、お客様の滞留時間が延長し、青果と精肉の関連購買が増加し、客単価アップにつながりました。

3 集視ポイントで客動線延長

　客動線を延長するうえで欠かせないのが、集視ポイントの設置です。集視ポイントを店内に効果的にちりばめることが客動線の延長につながります。

①マグネット

　スーパーマーケットに代表されるセルフサービス販売の店舗では、集視ポイントは「マグネット」と呼ばれます。すなわち、磁石のように客足を引きつける場所ということです。店頭やコーナー部分、陳列棚のエンド部分（ゴンドラエンド）などにマグネットは配置されます。商品を大量に陳列したり、実演販売（試食や試飲）を

図表2-14　集視ポイントの設置

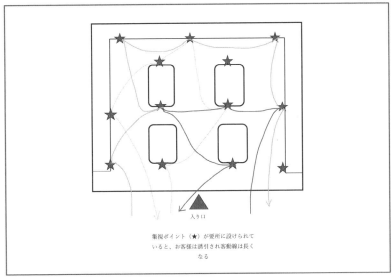

集視ポイント（★）が要所に設けられていると、お客様は誘引され客動線は長くなる

行ったりして客足を誘導します。

②アイキャッチャー

　専門店に代表される対面販売（接客販売）の店舗では、集視ポイントは「アイキャッチャー」と呼ばれます。すなわち、お客様の視線を集める場所ということです。照明や色彩、陳列に工夫を凝らし、商品の魅力度を演出することが重要です。マグネットが陳列ボリュームで視線を集めるのに対して、アイキャッチャーは売場や商品の演出で視線を集めます。

4 ゴールデンラインで見やすく目立たせる

　陳列した商品を見やすく目立たせるために、まずは集視ポイントを配置します。前述したように、店頭、主通路の正面部分、ゴンドラエンド、コーナー部分などに集視ポイントを配置すると、遠目からもわかり、目立ちます。

　集視ポイントの配置場所が決まったら、陳列する高さを決めます。ターゲット顧客（主要顧客層）の背丈に合わせて、ゴールデンラインを算出します。ゴールデンラインとは、ゴンドラなどに陳列された商品のうち、通常、お客様が最も手に取りやすい高さの位置をいいます。

　ゴールデンラインに合わせて陳列することで、見やすく、手に取りやすくなります。さらには、季節商品や新商品を常設展示したり、特設コーナーを設置することで、お客様の立寄率をアップさせることができます。

第 2 章 ▶ 選びやすい店づくり

図表 2-15　見やすく目立たせる陳列

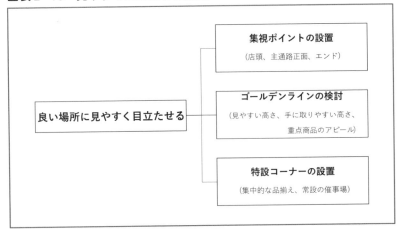

2 陳列

1 陳列の基本3原則

「見やすい陳列」「取りやすい陳列」「選びやすい陳列」が陳列の基本3原則です。

①見やすい陳列

　陳列にあたっては、お客様が入店したら、どこにどんな商品があるのか、一目でわかることが大切です。たとえば、店頭に立ったとき、手前の商品の陳列の高さは低く、店奥に行くほど徐々に陳列が高くなっていれば、すぐにどこにどんな商品があるかがわかります（前低後高、**図表2-16**参照）。

　また、店央から壁面に向かうにつれて高い位置に陳列してあれば、商品を探しやすくなります（中低壁高、**図表2-17**参照）。

　このように見やすい陳列にすることで、お客様が店内のあらゆる売場を回遊してくれることが期待でき、店側にとっても商品の品切れや品薄がよくわかるようになります。

図表 2-16　見やすい陳列①（前低後高）

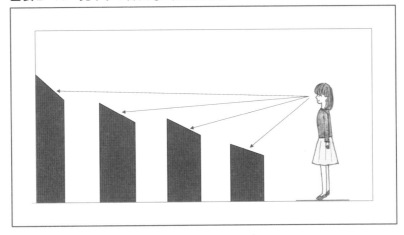

図表 2-17　見やすい陳列②（中低壁高）

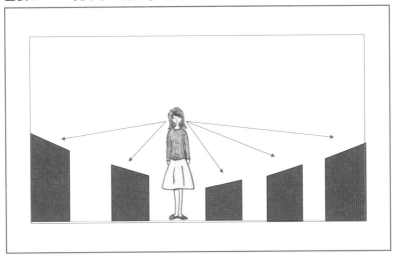

図表2-18　見やすい陳列③（低広高狭）

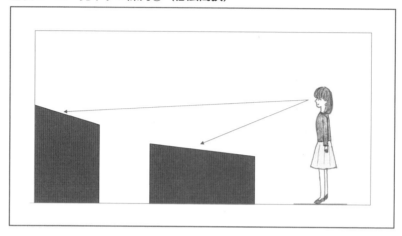

②取りやすい陳列

　商品がお客様の手の届く高さに陳列してあることも大切です。陳列位置が高すぎると、手が届きませんし、低すぎると、わざわざしゃがまなければいけません。前出のゴールデンラインと呼ばれる、見やすい範囲と手に取りやすい範囲の数値を参考にして、陳列の高さを決めるとよいでしょう（**図表2-19**参照）。

　なお、ゴールデンラインはお客様の身長によって異なるで、注意してください。また、コンビニエンスストアやディスカウントストアなど業種・業態によっても天井の高さや陳列什器の高さに違いがあるため、ゴールデンラインも微妙に変化します。

　さらに、陳列の安定感も重要です。不安定な場所や不安定な状態で商品が陳列してあると、お客様は手に取らないばかりか、その売場に近づかないようになります。

図表2-19 見やすさと触れやすさの範囲

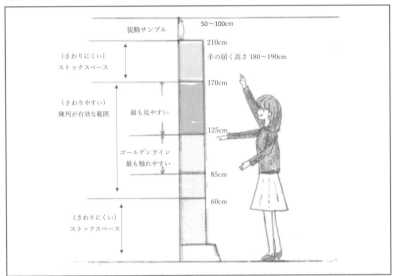

③選びやすい陳列

　お客様は、さまざまな商品の中からお気に入りの商品を選んで購入します。したがって、メーカー（ブランド）やサイズ、価格など、商品の関連性を考え、何らかの基準で比較検討しやすいように陳列してあることが重要です。選びやすいというのは、お客様が販売員に商品について聞かなくても、自分で見て購買決定の判断ができるという意味です。

　また、POPなどで商品の情報や特徴が明記されていると選びやすいでしょう。

2 見せる陳列−展示型陳列

　陳列の手法は、大きく分けると、「見せる陳列」と「買わせる陳列」に分類されます。ここでは前者について説明し、後者は次項で説明します。

①見せる陳列
　見せる陳列は、一般に「ディスプレイ」といわれ、お客様が直接、陳列商品を手に取るのではなく、見ていただくことを目的とした陳列手法です。ショーウインドウやアイキャッチャーなどを用いた陳列は、見せる陳列が中心となります。
　お客様に注目してもらうためには、演出がポイントになります。商品の特徴をアピールするとともに、陳列を通じて情報発信を行います。お客様が注目しやすい流行商品や新商品、季節商品などが見せる陳列に向いた商品です。
　また、店舗の方針や主張を知っていただくという意味では、店舗の主力商品をアピールするために、店頭やショーウインドウで見せる陳列が用いられることもあります。

②展示型陳列（ショーディスプレイ）
　見せる陳列は「展示型陳列」ともいわれます。展示型陳列とは、店舗が売りたいと定めた、専門購買型商品をクローズアップしてみせる、演出（ショー）的なディスプレイの方法です。テーマを持って訴え、店舗全体のイメージアップを図るためのディスプレイで、主に対面販売方式の店舗で活用されます。

（a）展示型陳列の目的

展示型陳列の目的は、以下のとおりです。

- 商品特性を的確に表現すること
    - …接客技術の強化、手に触れやすいディスプレイ、自由に試してもらう仕掛け
- 何が必要であるかを適切に認知させること
    - …商品以外の装飾や媒体は極力排除

（b）展示型陳列の留意点

展示型陳列を行う際の留意点は、以下のとおりです。

- 重点商品を選定し、テーマを持って訴求する
- 店頭、店内での広告効果を発揮させる
- 集視ポイントを設置し、回遊性の向上を図る
- 品ぞろえやディスプレイ方法を工夫する
- 商品を目立たせる　など

図表2-20　見せる陳列と買わせる陳列

陳列方法	目的	特徴	向く商品
見せる陳列（ディスプレイ）	注目させる演出	個性、情報提供、方針、存在アピール	流行商品、新商品、季節商品、主力商品
買わせる陳列	手に取らせるフェイス管理	量（ボリューム）、活気、満足感	低価格高回転商品、サイズ、デザイン、色柄の豊富な商品

3 買わせる陳列－補充型陳列

①買わせる陳列

　お客様に直接、商品を手に取っていただくための陳列手法です。商品を取りやすいことや、取る気にさせることがポイントなので、ボリューム感やフェイス管理が不可欠となります。買わせる陳列が有効なのは、サイズ、デザイン、色柄などが豊富な商品や、低単価で高回転する商品などです。

②補充型陳列（オープンストック）

　買わせる陳列は「補充型陳列」ともいわれます。補充型陳列とは、一般的に消耗頻度、使用頻度、購買頻度が高い定番的な商品を、効率的に補充し、継続的に販売するためのディスプレイ方法です。主にセルフサービス販売方式の店舗で用いられる陳列方法です。

（a）補充型陳列の留意点

　補充型陳列を行う場合のポイントは、フェイス管理と前出し陳列です。特に以下の点に注意しましょう。

・前進立体陳列にする
・安定感のあるディスプレイにする
・売場に清潔感が表れるようにする
・棚の最上段のディスプレイの高さを統一する
・ディスプレイのパターンを決めておく　など

第 2 章 ▶ 選びやすい店づくり

図表 2-21　豊富感のある陳列

底上げの箱を置くと〝豊富感〟が演出できる

写真 2-1　豊富感のある売場

（ｂ）機能的な什器の選定

　補充型陳列を行うにあたっては、機能的な什器の選定が重要です。その理由は、以下のとおりです。

　・数量管理がしやすい
　・安定感のあるディスプレイができる
　・商品のフェイスを揃えやすい
　・多くのアイテムがディスプレイできる
　・売場に乱雑な感じを与えない
　・店内に死角をつくらない　など

（ｃ）陳列棚の縦割（垂直型）展開

　補充型陳列を行う際は、陳列棚の縦割展開が効果的です。縦割展開のメリットとしては、お客様の注目を集めやすい、商品を比較検討しやすい、重点的に売りたい商品をアピールできる、などが挙げられます。

　たとえば、**図表２−22**の左側のように、棚ごとに商品をグルーピングして陳列（横割展開）すると、商品分類が明確になり、商品管理がしやすくなります。しかし、お客様は比較検討する際に、棚の端から端まで移動しなければならなくなり、選びにくく買いにくい陳列になっています。

　これを右側のように縦割りに変更（縦割展開）すると、お客様は立ち止まって上下の棚で商品比較ができるので、選びやすく買いやすい陳列になります。ただし、縦割展開は、陳列商品が混在しやすい（たとえば、カップと皿が混ざってしまうなど）というデメリットがあるので、こまめな商品整理が不可欠となります。

図表2-22　縦割陳列

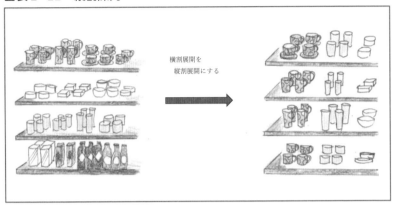

(d) 陳列棚の横割（水平型）展開

　陳列棚を横割展開することで、回遊性が向上し、客動線の延長が実現します。具体的には、商品の機能面や使用目的との関連性を持たせ、陳列什器に沿ってお客様を横に歩かせることができます。たとえば、スーパーマーケットでは、主通路に沿ってパワーアイテムを横割展開することで、回遊性が向上し客動線の延長が図れます。

(e) 補充型陳列の具体策

　補充型陳列は、以下のような工夫をすることで売上の増加が期待できます。

・単一ブランドの単独訴求型陳列よりも、単一ブランドの集合訴求型陳列のほうが、活気とボリューム感がアップするため有効である。

・少数ブランド単独訴求型陳列よりも、多数ブランドの複合訴求

型陳列のほうが、比較検討しやすいため有効である。
・ゴンドラエンド、店頭、レジ付近などでは、大量陳列すると売れる確率が高まる。
・同一商品でも、高さや置く場所を工夫することで売れ方は変化する。

（f）フェイス管理

　買わせる陳列で、商品の魅力を表現する手法がフェイス管理です。フェイス、すなわち商品の顔の部分がよく見えるように陳列することで、お客様にすすんで商品を手に取っていただけるようになります。フェイス管理は特にセルフサービス販売の店舗で日常的に行われていますが、後述する前進立体陳列もフェイス管理のひとつです。

　また、衣料品店では、商品の正面を見せるフェイスアウトや商品の袖を見せるスリーブアウト、商品を畳んで見せるフォールデッドなどの手法を用いてフェイス管理が行われています。

図表2-23　フェイスアウト

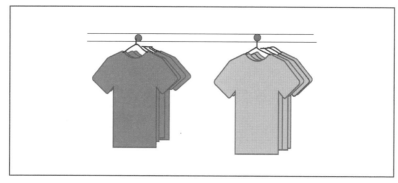

図表2-24　スリーブアウト

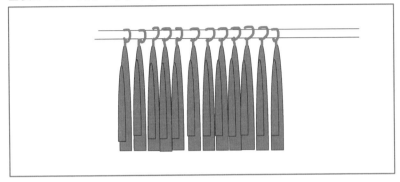

図表2-25　フォールデッド

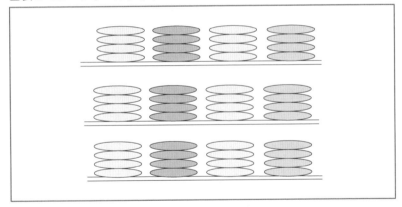

（g）傾斜型ウォークインクーラーでフェイス管理

　最近のコンビニエンスストアでは、壁面にある飲料の冷蔵ケース（ウォークインクーラー）内の棚が傾斜しています。奥から手前に向けて傾斜していて、商品を取ると自然に奥の商品が前に出てくる仕組みになっています。棚板を傾斜させることで、自然と前出し陳列ができるような構造になっているわけです。これな

ら、販売員が前出し作業をしなくて済むので作業の省力化につながります。

4 クロスマーチャンダイジング

　クロスマーチャンダイジングは、関連した複数のカテゴリーの商品を陳列、演出する手法です。基本的に、消費シーンが同じ商品を組み合わせて売場に陳列し、関連購買を促進することを目的としています。たとえば、肉売場に焼肉のたれを陳列する、とんかつ売場にカットしたキャベツを陳列するなど、関連商品を組み合わせて陳列することで買上点数の増加が期待できます。

5 アクセント陳列

　陳列の中でのアイキャッチャーといえるのがアクセント陳列です。たとえば、図表2-26に示すように、整然と衣料品が陳列されている中にボディ（トルソー）を使用した陳列を配置することで、お客様の視線を集めることができます。また、陳列の向きを変えてみたり、ギフトボックスのような小道具を用いることで陳列にアクセントつけることも有効です。

　アクセント陳列は書店でも行われています。書棚の陳列では、これまで本の背の部分をフェイスにして並べていました。ところが、最近は書棚のところどころで本の表紙をフェイスにした陳列が行われています。これがアクセント陳列です。お客様に注目してほしい

第 2 章 ▶ 選びやすい店づくり

図表 2-26　衣料品のアクセント陳列

上の展示陳列で目を引き下の量感陳列から選択させる

本や、書店のおすすめ本など、書店がまさに「売りたい本」が一目でわかる陳列になっています。

事例 9　きれいに陳列されているのに売れない雑貨店

　四国で出会った、家庭雑貨専門店のケースです。そのお店は駅前のショッピングセンターのテナントとして新規オープンした地元の専門店でした。
　あるとき、筆者はデベロッパーから「品物や品ぞろえはいいし、お客様もそこそこ入っているが、思うような売上を上げることができていない。売場を見てほしい」との依頼を受けました。さっそく売場に行って陳列状況をチェックしてみると、商品がきれいに陳列されていて、一見買いやすそうな売場です。

しかし、壁面の陳列棚を見ると、商品が棚の段ごとに分類（横割展開）されていました。たとえば、最上段の棚はカップ、2段目の棚は皿という具合でした。これではカップを買おうと思ったお客様は棚の端から端まで移動しなければなりません。商品を比較検討しづらい陳列で、購入につながりにくい陳列になっていたので、店長に状況を説明し、縦割陳列に変更していただきました。

6 主な陳列手法と留意点

　ここでは、主な陳列手法についていくつか取り上げて説明します。また、後掲の**図表2-28**に一覧としてまとめています。

①前進立体陳列

　前進立体陳列は、セルフサービス販売の店舗で使用される陳列手法です。定期的な商品の前出し作業を行い、商品ロスの防止を図ります。特に、商品の鮮度管理を行うために「先入れ先出し」の陳列、すなわち、先に店舗に入ってきた商品から売場に補充し、すでに陳列してある商品を前方上方に移し、新しい商品を後方下方に補充することを心がけます。

　また、左右の崩れを防ぐために、仕切り板や支え板を使用することも有効です。

第 2 章 ▶ 選びやすい店づくり

写真 2-2　前進立体陳列されているチーズ

図表 2-27　前進立体陳列のフェイス管理

②オープン陳列（はだか陳列）

　オープン陳列は、はだか陳列ともいわれ、セルフサービス販売の店舗でよく用いられる陳列手法です。気軽に手に取りやすいといった長所がある一方、陳列の乱れや商品の傷みが発生しやすいといった短所もあります。そのため、商品整理と売場の清掃を頻繁に行うことが求められます。

③平台陳列

　平台陳列は、セルフサービス販売、対面販売のいずれの店舗でも使用される陳列手法です。特に、商品が埃をかぶりやすくなり、イメージを低下させるリスクがあるため、品質表示やプライスカードの掲示が必要です。また、手に取りやすい反面、乱雑になるため、仕切り板を設置するなどの工夫が求められます。

写真2-3　チーズのオープン陳列

第2章 ▶ 選びやすい店づくり

写真2-4　平台を使ったレッグウォーマーの陳列

写真2-5　平台を使った惣菜の陳列

④コーディネート陳列

　コーディネート陳列は、対面販売の店舗でよく使用される陳列手法です。特に、テーマを設定し、それらの生活シーンに合わせて組

写真2-6　店頭のコーディネート陳列

み合わせて訴求したり、使用シーンを提案することが求められます。

⑤ショーケース陳列

　ショーケース陳列は、対面販売の店舗で使用される陳列手法です。特に、お客様が商品に直接触れることができないので、分類表示やプライスカードの掲示が必要となります。また、タイミングのよい接客のアプローチも求められます

⑥ハンガー陳列

　ハンガー陳列は、セルフサービス販売、対面販売のいずれの店舗でも使用される陳列手法です。衣料品の陳列に最も多く利用されており、たとえば、斜めの多点掛けやスリーブアウトなどの工夫が求められます。

第 2 章 ▶ 選びやすい店づくり

写真 2-7　ショーケースを使ったハムの陳列

写真 2-8　店頭のハンガー陳列

図表2-28　主な陳列手法と適用する業種・業態や使用上のポイント

陳列手法	適用する商品や業種・業態	使用に際しての留意点
オープン陳列	多くの小売業が利用	・ディスプレイの乱れや崩れをできるだけ出さないように心がける
平台陳列	衣・食・住の3部門にわたり、最も広く使われている	・積み上げる高さを制限する ・仕切り板を使用する ・商品を一定の基準で分類し、表示する ・パッケージを使用する ・アンコ（ヒナ壇）を利用する
コーディネート陳列	衣料品からリビング用品、食品関係などに幅広く適用されている	・対象となる商品のコーディネートをよく知る ・コーディネートの狙いがどこにあるかがお客様にひと目でわかるようにディスプレイする ・いくつかの組み合わせパターンを示す
ショーケース陳列	時計、宝飾、メガネなどの貴金属から衣料品、生菓子まで、幅広く利用されている	・各段にディスプレイした商品のフェイスを正しくお客様の視線に向ける ・ショーケース内にディスプレイした商品の代表的なものやサンプルをケース上に展示陳列（貴金属を除く）する ・各段のディスプレイは商品の動きに応じて配分する ・販売量の多い時期と少ない時期に応じて、ディスプレイ方法を変える ・補助器具を効果的に使う ・照明は、商品が見やすく、かつ引き立つように位置や角度を工夫する

陳列手法	適用する商品や業種・業態	使用に際しての留意点
ハンガー陳列	衣料品	・ハンガーごとの商品グループ（分類）がひと目でわかるようにする ・ハンガーから商品が落ちないように注意する ・値札を所定の位置にきちんとつける ・サイズ表示がよくわかるように区分けする ・器具を安定させるとともに、さびや汚れがないようにする ・商品の向きがバラバラにならないようにする ・ハンガーの汚れやサイズの違いをなくす
ボックス陳列	セーターやブラウスなど衣料品	・こまめに商品整理をする ・フェイス管理に気をつける（向きや魅力面） ・展示型陳列と併用して商品全体の訴求も行う
ステージ陳列	家具や衣料品などファッション商品を扱う専門店	・お客様の店内誘導に効果的な位置に設置する ・季節を先取りするテーマを設定する ・売れ筋や流行品、店舗のイメージを高める商品などをコーディネート陳列する ・補助器具や装飾などを活用する ・POPやショーカードを添付し、価値観を主張する ・定期的なディスプレイ変更やメンテナンス作業を販売員に義務づける

陳列手法	適用する商品や業種・業態	使用に際しての留意点
ジャンブル陳列	食品、家庭用品、小物などに幅広く使われている	・1つのカゴなどには、1品目または1テーマの商品群に限定する ・プライスカードをつける ・高価格商品は入れない
サンプル陳列	・ディスプレイしただけでは使用状況がわからない商品 ・ディスプレイに広い場所が必要な商品（家具など） ・種類の多い商品 ・ギフト商品	・サンプルと至近距離に実物を置く ・売りたい商品を的確に選ぶ ・サンプルの体裁を統一する
レジ前陳列	スーパーマーケット、ドラッグストアなどのセルフサービス販売方式の店舗	・レジよりも商品を高く積み上げない ・レジへの通路面に商品をはみ出させない ・こまめに商品の手入れと補充を行う
アイランド陳列	あらゆる分野の商品が対象となるが、特売やイベントなどに使われることが多い	・広い通路だけに限定して実施する ・数多くつくらない ・同一商品を長期間ディスプレイしない ・曲がり角やエンドの前にディスプレイしない ・POPやプライスカードを必ずつける

陳列手法	適用する商品や業種・業態	使用に際しての留意点
壁面陳列	衣料品、バッグ、靴など、ファッション性の高い商品を扱う店舗	・お客様の回遊性を考慮する ・正面部分の壁面は、お客様の足を引きとめる魅力を醸し出す ・画一的で単調にならないようにする ・要所にポイント陳列（アイキャッチャーの設置）をする ・ゴールデンゾーンに売りたい商品や売れる商品を集中させる

写真2-9　カゴを使った食料品のジャンブル陳列

写真2-10　上部のケース内でサンプル陳列

3 戦略的ディスプレイの展開

1 戦略的ディスプレイの目的

①購買心理過程との関係

　ディスプレイは、購買心理の過程を6段階に分類した「AIDMASの原則」では、「行動（Action）」、すなわち商品選択（決定）を容易にします。

②ディスプレイと陳列との違い

　商品を単純に売場に置くのではなく、商品の種類、数量を目的に照らして決定し、それに応じて背景や色彩、照明などを季節に合わせて設営し、商品の価値を訴求する空間を演出するのがディスプレイです。

③ディスプレイと補充との違い

　売れた分だけ商品を足していくのが補充です。一方、計画的に、お客様の購買を促進する目的を持って、決められた売場スペースに

商品を意図的に並べ、飾る商品提案技術がディスプレイです。

④ディスプレイ技術

　ディスプレイ技術の質的な水準は、小売業における経営力ともいえます。お客様がより買いやすいように商品を分類することが大切です。基本的には、ショートタイムショッピングとワンストップショッピングのニーズに応えることが大切です。

2 購買促進につながるディスプレイ方法

　お客様の購買促進につながるディスプレイ方法は、集中的ディスプレイ、関連的ディスプレイ、感覚的ディスプレイの3つに大きく分類できます。

①集中的ディスプレイ

（a）量販店は単品目商品の大量陳列

　量販店のディスプレイでは、量的な豊富感の訴求が重要です。特に、コーナー、ゴンドラエンド、特価台、壁面、柱周りなどのディスプレイに注力することが大切です。

（b）専門店は同一商品のグルーピング

　専門店のディスプレイでは、演出力の訴求が重要です。具体的には、デザイン、素材、用途・目的などの基準で商品をグルーピングすることが大切です。

②関連的ディスプレイ

クロスマーチャンダイジングに代表されるような相乗効果を期待した関連的ディスプレイは、複数商品購入による客単価のアップを目的としたディスプレイ方法です。

③感覚的ディスプレイ

顧客の購買意欲を促進するディスプレイとして、以下のような感覚的ディスプレイが行われます。

- ムードアップ陳列…照明や色彩で演出する陳列方法。
- シンボライズ陳列…「商品＋モチーフ」で演出する陳列方法。たとえば、陶器の背景に窯場の写真パネルを掲示すると臨場感が増します。
- ドラマチック陳列…生活シーンを表現する陳列方法。たとえば、家具・インテリア雑貨を販売する「イケア（IKEA）」では、子供部屋を演出してさまざまな家具やインテリアの提案を行っています。

3 注目率の高まる売場づくり

①集視ポイントの設置

本章の第1節（レイアウトの基本）でも述べましたが、集視ポイントとは、マグネットやアイキャッチャーとも呼ばれ、お客様の目を引きつけ、足を止めさせ、衝動的な購買に結びつけるための売場内でのポイントになる部分のことです。

スーパーマーケットではマグネットと呼ばれ、大量陳列、低価格

訴求型陳列、実演販売などが行われます。また、専門店ではアイキャッチャーと呼ばれ、関連商品のコーディネートによる感覚的訴求型陳列などが行われます。

②アイキャッチャーによる演出

　アイキャッチャーによってお客様の購買意欲が促進されます。アイキャッチャーの役割は、お客様の目を留める、お客様の足を止める、衝動買いを誘う、ついで買いを誘うなどです。新商品、季節商品、流行商品、おすすめ商品、お買い得商品などがアイキャッチャーに向く商品です。

図表2-29　マネキン（トルソー）を使ったアイキャッチャーの演出

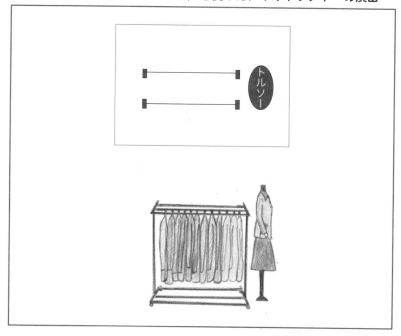

アイキャッチャーの方法には、「演出で見せる方法」と「ボリュームで見せる方法」の２つがあります。また、メッセージPOPの掲示や陳列の高さの工夫（見やすい高さ）も大切です。

③ゴールデンラインの検討

前述したように、お客様が手に取りやすい高さの範囲のことをゴールデンラインといいます。ゴールデンラインを考慮して陳列の高さを決めるとよいでしょう。併せて、見やすい高さについても検討します。

④特設コーナーの演出

集中的な品ぞろえを行う売場内の常設催事場は、特設コーナーと呼ばれます。特設コーナーは店内のアクセントとなります。

⑤商品力を高める陳列の工夫

商品力を高めるためには、「バラエティ」「コーディネーション」「プレゼンテーション（センスのよい表現）」の３つに留意して陳列することが大切です。

4 POPの有効活用

①POPとは

購買時点で直接お客様に働きかける広告がPOPです。商品に添付される広告物で、特にセルフサービス販売の店舗では重要な役割を果たします。価格訴求型のPOPや、商品説明型のPOPなどがあり

ます。

②なぜPOPが大切なのか

　販売員の代わりに、お客様に商品説明をしてくれるのがPOPです。お客様の目を引きつけ、購買意欲を喚起することができます。訴求効果としては、1回当たりの買上点数を増加させることができるので、客単価の向上に効果があるとされています。

③見せるPOPと読ませるPOP

　お客様の足を止めさせるために作成されるのが「見せるPOP」です。注目させることが重要なので、一目でわかりやすく表現することが求められます。文字は大きく、セールの表示を明記したり、商品特性を表現するキャッチコピーをつけることなどが必要です。

　一方、商品説明をするために作成されるのが「読ませるPOP」です。たとえば、ワインであれば、産地や味の特徴、ワインに合う料理など、各種の情報を記載します。顧客がじっくりと読んでくれるので、文字は多少小さくても問題ありません。

④キャッチコピーの作成

　お客様の視線を集めるために有効なのがキャッチコピーです。キャッチコピー作成のポイントは、商品特性をワンフレーズで表現することです。

　お客様のハートを射止めなければいけないので、単なる商品の特徴ではなく、心に響く「一言」が求められます。そのためには、お客様の興味はどこにあるのかをしっかり把握しておかなければなり

ません。たとえば、食品ならば、産地なのか、素材なのか、味なのか、効能（栄養面や健康面）なのかなどについてしっかり把握して、キャッチコピーに反映するとよいでしょう。

コラム ❸

叱ってくれる店員さん

　今から10年ほど前ですが、私は店員さんに叱られたことがあります。夏物のジーンズを買いに、某アウトレットモールの紳士服店を訪れました。そこには初老の店員さんがいて、いで立ちや立ち居振る舞いがとてもおしゃれなので、前々から気になっていました。そのときは、たまたまその方が接客してくださいました。素材やカラーを選び、気に入った商品があったので、試着したところ、ウエスト部分がややきつめの1本と、ゆったりめの1本が残りました。

　そこで「脱ぎ着が楽なので、ゆったりめをください」とお願いしたところ、叱られたのです。「お客さん、おしゃれにガマンは大切ですよ。楽な洋服ばかり着ていると体形も崩れてきます。多少きつくても、我慢して着てこそおしゃれです」と、きっぱり言われてしまいました。

　お客様に見え透いたお世辞を言ったり、お客様の言いなりになっている販売員が多いなか、初めて叱られました。でも、「確かにおしゃれには覚悟が必要だな」と納得して、きつめの1本を購入しました。今でもそのジーンズは愛着しています。

　このことがあって以来、洋服を買うときには、必ずそのお店に伺い、叱ってくれたその店員さんに相談し、お気に入りの一着に出会

うことができていました。残念ながら、その後、その店舗はアウトレットモールから退店されてしまいましたが、とても貴重な体験でした。

「お客様は神様」ではありません。販売のプロとして、自信をもって導いてくれる骨のある販売員さん、もっと登場してほしいものです。

コラム ④

旅先では、ついつい衝動買いしてしまう

　先日、九州方面に旅行に行ったのですが、旅割クーポンをいただいたこともあり、ついつい衝動買いしてしまいました。お菓子がメインでしたが、自宅に帰って食べてみて、「もっと買えばよかった」と思うモノが以前より増えているように感じます。たぶん、衝動買いするときに「本当においしいのか」「ここでしか買えないのか」と自問しているからだと思います。衝動買いでの失敗は、これまでいやというほど経験してきました。中高年になって、少しは学習効果が出てきたということなのでしょう。

　ある調査によれば、日本人は「限定」と書かれていると約7割（30代女性と40代女性は8割）の人が購入してしまうとのこと。そういえば、最近は「ご当地限定」や「数量限定」など、「限定」の文字が巧みに使われています。

　衝動買いは、失敗することもありますが楽しいものです。衝動買いにこそ"リアル買物"の醍醐味があると、私は思っています。

第 3 章

親しみやすい店づくり

1 顧客の店内における購買特性

1 AIDMAS

　顧客が、商品に注目してから購買に至る心の動きを示したものが、購買行動モデルです。購買行動モデルにはさまざまなものがありますが、ここでは購買心理の6段階「AIDMAS」をご紹介します。昨今は、インターネットで検索したり、SNSを見たりしてから来店することも多いですが、店内での購買行動はこの6段階で表現されるものと考えてよいでしょう。

①Attention（注目）
　顧客は、SNSや店頭、店内売場で、その商品の存在を知ります。

②Interest（興味）
　商品を知ると、次の段階として、「おもしろそう」とか「おいしそう」といった具合に、商品に興味を持ちます。

③Desire(欲望)

商品に興味を持ち、その商品を「欲しい」と思います。ただ、この段階ではまだ購入には至りません。

④Memory(記憶)

この段階では、顧客は記憶を呼び起こします。その商品が欲しいと思うと同時に、「本当に必要か」とか「同じような商品を持っていないか」とか「値段は適切か」など、顧客の感情は揺れます。ここで、「そういえば」と商品にまつわる情報の記憶が呼び起こされると、購入へと誘導されます。

⑤Action(行動)

さまざまな検討を経て、いよいよ購入という行動に至ります。

⑥Satisfaction(満足)

「果たして自分はよい買物をしたのか」「間違った買物をしてはいないか」などと、顧客は自問します。DMやLINEなどで、ご購入後のフォローをすることで、安心感を抱かせるとともに、顧客の満足度は高まります。また、購入後の満足度が高くなれば、再来店や再購入も誘発し、お店のリピーターになることも期待できます。

購買心理の6段階

2 購買行動モデルと店舗側の対応

①Attention（注目）への対応

　顧客に注目されるためには、まず店頭ディスプレイで目を引かねばなりません。たとえば、季節商品や話題の商品を、ディスプレイすると有効です。また、ショーウインドウがある場合は、ショーウインドウでの演出も重要です。店頭にブラックボードを設置し、商品の特徴やお店からのメッセージをアピールすれば、立ち止まって見てもらうことも可能です。さらに、店内ではコーナーやエンド部分に、集視ポイントを設置し、見せる陳列を行うとよいでしょう。その際、照明や色彩に工夫をして、商品を目立たせる演出をすることも有効です。集視ポイントには、キャッチコピーに工夫をした、目を引くPOPを掲示するとよいでしょう。

②Interest（興味）への対応

　顧客に商品への興味を持ってもらうためには、メッセージ型のPOPが有効です。メッセージ型のPOPとは、商品内容や使用方法など、細かい情報を盛り込んだPOPです。また、昨今は情報発信ツールとして、デジタルサイネージの設置も有効です。

③Desire（欲望）への対応

　顧客が「この商品が欲しい」と思ったときに、有効なのが接客です。ここでの接客では、商品特性を丁寧に説明することが求められます。

④Memory（記憶）への対応

　従来ならば、テレビや新聞といったマス媒体やクチコミの情報が有効でした。昨今は、ネットへの書き込みやTikTokに代表されるSNSからの情報が効果的です。この段階では、顧客は購入を躊躇しているので、「背中を一押し」してあげることが必要です。陳列では、比較検討できるように、類似商品を陳列したり、関連商品とのコーディネート陳列をするとよいでしょう。また、ここでも接客は有効です。顧客が何に躊躇しているのかを探り、課題を解決する接客が重要となります。さらに、顧客が自由に検索できるように、QRコード付きPOPを設置することも有効です。

⑤Action（行動）への対応

　購入を決断した顧客は、素早い接客やお会計業務を求めます。また、ファッション衣料のような買回り品の購入では、会計時に顧客の心にゆとりが生じます。そのため、ついで買いを誘発する接客や、レジ付近での関連商品の陳列も有効です。

⑥Satisfaction（満足）への対応

　顧客は購入後に、今回の買物がよかったかどうかを評価します。顧客の住所をお聞きしている場合は、お礼を兼ねたごあいさつ状を送付するとよいでしょう。また、Line登録していただくと、お店からのメッセージを伝えることができます。

3 計画的購買と非計画的購買

①計画的購買（目的買い）

　店舗を訪れる前から、購入する商品を決めていて、目的買いする行動です。どこに、目的の商品があるのかが一目でわかることが大切です。明確なゾーニングや見やすい陳列がポイントとなります。

②非計画的購買（衝動買い、ついで買い）

　お店を訪問する前には、購入する商品を決めておらず、店内で商品を見て購入を決めるのが非計画的購買です。非計画的購買には、衝動買いとついで買いの2種類があります。衝動買いは、商品と出会ったその瞬間に購入を決める行動です。ついで買いは、目的の商品を購入する際に、ついでに他の商品も購入する行動です。あるシンクタンクが行った出口調査によると、スーパーマーケットでは購入商品の約7割が来店後に購入を決めた商品でした。すなわち、非計画的購買がリアル店舗での購買の中心です。後述する店内販促やクロスマーチャンダイジングが、近年注目されている理由は、非計画的購買への対応が重要だからです。

③非計画的購買に着目すべき理由

　非計画的購買を重視しなければならない第1の理由は、前述したように、実際の買物行動の中では、来店してから購入の意思決定をする顧客が多いからです。もう1つの理由は、ネットショッピングとの差別化です。ネットショッピングは、目的の商品を探して購入するときには、とても便利な購買手段です。一方、リアルな店舗で

の買い物では、買いたい商品が決まっていないときに、お店で商品と「出会う」ことができます。この「出会う」ということが、ネットとの違いを発揮できる、リアル店舗の強みだと、私は考えています。来店前には思ってもいなかった商品と出会い、思わず購入してしまう。そんな行動こそ、リアルなお店での買物の醍醐味だろうと、私は思っています。そして、お店で非計画的購買をしてもらうためには、店内での陳列の工夫や情報発信が不可欠になります。

④衝動買いの特徴と攻略法

　一時の衝動に駆られて買ってしまうのが、衝動買いです。AIDMASのプロセスから見ると、注目（A）からいきなり欲望（D）へとダイレクトに移行するのが、衝動買いです。衝動買いは、店頭や店内のアイキャッチャーで刺激を受けることが多いようです。

　衝動買いを誘発するには、まずは目立たせることが重要です。また、キャッチコピーやネーミングに工夫を凝らして、購買意欲を刺激することも大切です。たとえばPOPは、見せるPOPで注視効果を狙うとよいでしょう。

⑤ついで買いの特徴と攻略法

　主要な買物のついでに、思わず買ってしまうのが、ついで買いです。AIDMASのプロセスでは、記憶（M）の段階で発生しやすいようです。たとえば、本命商品の購入を検討しているときに、「これもあったら便利」と思わず連想してしまい、購入するのがついで買いです。ついで買いは、店内のアイキャッチャーや、レジ付近の

陳列に刺激を受けることで発生します。
　ついで買いを誘発するには、連想させることが重要です。そのためには、お店側からの提案が大切です。たとえばPOPでは、読ませるPOPで詳しい商品説明をするとよいでしょう。

図表3-1 「衝動買い」と「ついで買い」

	衝動買い	ついで買い
特徴	計画的でない 一時の衝動に駆られて買ってしまう	計画的でない ついでに買ってしまう
いつ？	突然やってくる DからAへ直結	買物の途中で Mに効く〈本命を買うついでに〉
どこで？	店頭 ショーウインドウ 店内アイキャッチャー	レジ付近 店内アイキャッチャー 着席後
なにを？	おすすめ商品（逸品） 目玉商品 流行商品 季節商品 新製品 限定商品（ご当地限定、期間限定）	補完商品 関連商品 あると便利な商品 一工夫できる商品
どんな人が？	新規客も期待できる	常連客中心
なぜ？	「今すぐ欲しい」 刺激を受けて あこがれ	「そういえば」 連想する・思い出す 財布のひもを緩めるついでに 気持ちにゆとり
攻略方法	「新たなお客をつかもう」 情報発信力 目立たせる 店頭ショーウインドウのディスプレイ エンド部分と壁面の陳列 POP〈注視効果、見せるPOP〉 キャッチコピーとネーミング	「もう一勝負しよう」 提案力 連想させる レジ前のディスプレイ エンド部分と壁面の陳列 POP〈説明型、読ませるPOP〉 メッセージ
成功事例	限定商品 逸品	靴店の五本指ソックス サイドメニュー（サラダやドリンク） スーパーのレジ前の乾電池
陳列場所	店頭陳列 ショーウインドウ	レジ付近 壁面陳列、エンド陳列 卓上メニュー

2 昨今の購買行動＝カスタマージャーニー

　ECの出現を契機に、顧客の購買行動は大きく変わっています。当初は、リアル店舗で商品をさがしてネットで購入する、ショールーミングという購買行動がみられました。その後、ネットショップが充実するのに伴って、ネットでさがしてリアル店舗で購入する、ウェブルーミングという購買行動も出現しました。現在は、ネットショップとリアル店舗を自由に往来する、購買行動が顕著になりました。

　こうした変遷の中で、昨今の購買行動で着目すべきは、カスタマージャーニーです。カスタマージャーニーという概念は、フィリップ・コトラーが「マーケティング4.0」の中で示した、フレームワークです。

図表3-2 購買行動の変化

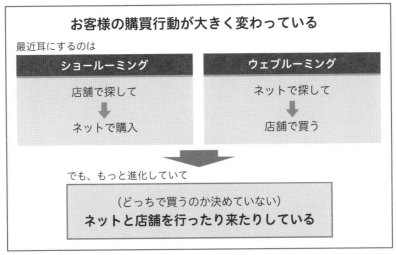

1 カスタマージャーニー

①カスタマージャーニーとは

　カスタマージャーニーとは、顧客が商品やサービスを知ってから購入・利用するまで、さらには購入・利用後に再購入や再利用に至るまでの、一連の体験を「旅」にたとえたものです。この一連の体験を、時系列で「可視化」し、マネジメントするためのツールがカスタマージャーマップです。

②なぜカスタマージャーニーマップが必要なのか

　カスタマージャーニーマップが求められる理由は、以下のとおりです。

・顧客が企業やお店に期待することが変わってきているから

・効果的なマーケティングを行うためには、顧客の感情や志向を
　　　理解する「顧客視点」が必要だから

③カスタマージャーニーマップ作成の効用
　カスマージャーニーマップを作成することによって、以下のような成果が期待できます。
　　・顧客を理解するスタンスが身につく
　　・社内の共通語が生まれる
　　・顧客視点に立って打ち手を考案できる

④カスタマージャーニーマップの作成の手順
　カスマージャーニーマップ作成の手順は、以下のとおりです。

ステップ1	「ゴールを設定する」	
	取り上げる商品やサービスを設定する	
ステップ2	「ペルソナを設定する」	
	対象顧客像を明確にする	
ステップ3	「購買行動をフェーズに分ける」	
	購買に至るプロセスを設定する。典型的なのはAIDMAS	
ステップ4	「タッチポイント（顧客との接点）を明確にする」	
	ペルソナが購買行動の中で利用（接触）する、広告媒体、アプリ、SNS、口コミサイト、口コミ、店頭、売場などを列挙する	
ステップ5	「顧客の感情の起伏を洗い出す」	
	ペルソナの行動から、どのような感情や志向を持つのかを洗い出す。「おもしろそう」「使ってみたい」などのポジティブな感情から、「面倒そう」などのネガティブなものまで、あらゆる感情を想像すること	
ステップ6	「フェーズごとの対策を考える」	
	カスタマージャーニーマップ全体を見渡し、課題や改善ポイントなどの対応策を考える	

2 カスタマージャーニーマップの事例

図表3-3　カスタマージャーニーマップの例（プリンターの購入）
ペルソナ：プリンターを買い替えたいと思っている30代の男性

フェーズ	AI	DM	A	S
行動	ネットで検索	比較検討する	購入する	おすすめレビューを書く
タッチポイント	・HP ・ECサイト ・Web広告	・店舗 ・ECサイト ・比較サイト	・店舗	・SNS ・口コミサイト
顧客の感情起伏	「新しいプリンターにそろそろ買い換えたい」	「どんなプリンターがあるか知りたい」「機能や価格を知りたい」「使った人の感想も知りたい」	「どこで買うか（ネットかリアルか）を検討する」「早く使いたい」	「よかったので他の人たちにも紹介したい」

3 求められる店舗の役割

　これからの店舗は、タッチポイントの1つとして機能しなければいけません。カスタマージャーニーの中での、接点の1つということです。顧客は、ネットとリアル店舗に優劣をつけるのではなく、あくまでも並列に評価しています。また、これからは他のタッチポイントとの連携も、意識しなければなりません。たとえば、TikTokで紹介された商品が、リアル店舗の店頭にも並んでいるという具合です。大手専門店チェーンでは、ネットとリアルとの融合により、売上を伸ばしています。

3 販売促進

1 店内販促

①店内販促とは

　顧客の購買行動に直接働きかける、小売業の店内で展開されるセールスプロモーションが、店内販促です。

②店内販促が重視される背景

　小売業においては、顧客は購入する商品を事前に決めていることよりも、店内で決定することのほうが多いため、店内販促は有効です。店舗内で顧客に刺激を与え、購買を働きかけるのが店内販促です。

③店内販促の目的

　顧客に対して、店内で効率的、効果的に刺激を与え、購買を促すことが、店内販促の目的です。

③店内販促の効果

店内販促によって得られる効果は、以下のとおりです。

　a．需要の増加・拡大

　b．購買のスイッチ

　c．購買の前倒し（需要の先食い）

④店内販促の種類

店内販促は、価格主導型と非価格主導型の２種類に大別されます。

　a．価格主導型店内販促

価格主導型の店内販促の代表的なものは、以下のとおりです。

```
○値引き、特売
○バンドル販売
○増量パック
○キャッシュバック、ポイント販促
○会員価格販売
```

　b．非価格主導型店内販促

非価格主導型の店内販促の代表的なものは、以下のとおりです。

```
○エンド陳列、島陳列    ○チラシ
○POP                   ○クロスマーチャンダイジング
○デモンストレーション  ○サンプリング
```

○プレミアム	○懸賞
○スタンプカード	○ダイレクトメール
○イベント	○クーポン

⑤店内販促実施上の留意点

　店内販促を実施するにあたっては、まず目的を明確にすることが大切です。その際、長期的な視点を持つことが重要で、近視眼的にならないように気をつけましょう。また、店内販促の最終的な目標は、店舗や売場の売上向上ですが、客単価の向上や店舗に対する顧客の愛着度の向上にも着目しましょう。

　また、価格主導型の店内販促では、以下のような問題が発生することを、想定しておく必要があります。

- 内的参照価格の低下

　　過度な価格主導型店内販促によって、平時の価格（内的参照価格）が低下し、値引きをしなければ売れなくなってしまうことがあります

- ブランドイメージの低下

　　過度な値引きには、「品質が悪い」「売れ残り＝人気がない」といった、マイナスイメージを引き起こす危険があります。

- 長期的視点での評価

　　プロモーション実施時のプラスと、プロモーション後のマイナスとのバランスを考えて、実施しなければなりません。

- カテゴリー視点での評価

　　カテゴリー内での共食い（カニバリゼーション）が発生することもあるので、プロモーションによる類似商品への影響を考慮し

なければなりません。

- 生産性の評価

プロモーションによって得られる利益と、プロモーションに費やしたコストとのバランスを考慮しなければなりません。

- 非価格要素の訴求

価格訴求だけでなく、商品の良さや価値の訴求を、併せて行うことも大切です。また、値引きの理由を明記することも重要です。

2 人的販売

①人的販売の重要性と効果

a．人的販売の重要性

接客を中心とした人的販売は、以下の点から店舗運営において重要です。

・商品と顧客の仲介役
・感性や感覚を要求する商品の推奨に有効
・初心者のお客様に不可欠
・利益率の向上に寄与

b．人的販売の効果

人的販売によって、以下のような成果が得られます。

・リピーター（常連客）がつくれる
・営業力が向上する
・販売員の能力が向上する
・販売員に働く喜びを与える
・マーケティング情報を掴める

人的販売とセルフサービス販売の違いは、以下のとおりです。

図表3－4　販売方法の特徴

	人的販売	セルフサービス販売
長所	・顧客が質問や相談できるので、納得して購入していただける	・顧客は気軽に入出店できる
	・顧客と直接接するので、リピーターができやすい	・顧客はひやかしやすい
	・お店の売りたい商品をアピールできる	・顧客は、販売員に気兼ねなく自由に商品を選べる
	・顧客のニーズを把握しやすいため、関連商品をおすすめできる	・衝動買いを誘発できる
		・販売員数を削減できる
短所	・接客に時間がかかるため、販売効率が低下する	・わかりやすい売場構成が求められる
	・お店側のおすすめが強すぎると、顧客の抵抗を生むこともある	・POPやサインを工夫して、顧客が買いやすい選びやすい売場づくりをしなければならない
	・顧客との距離が近すぎると、いたずらに値引きやサービスを提供することになりかねない	・レベルの高いディスプレイ技術が求められる

②販売員の役割

図表3-5　顧客の情報収集力と販売員の関与

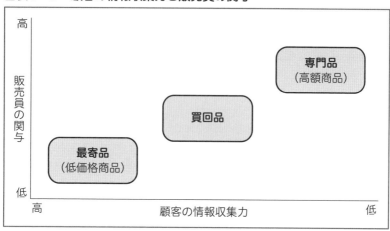

　専門品や買回品の購入に際して、顧客の情報収集能力はあまり高くありません（当該商品のことをあまり知らない）。したがって、販売員に求められる役割は、深い商品知識に基づく情報提供や購買決定の支援です。購入への販売員の関与は、高くなります。

　一方、最寄品の購入に際しては、顧客は高い情報収集能力を有しています（当該商品のことをよく知っている）。したがって、販売員の役割は、できるだけ速やかに、買い物を済ませることができる（ショートタイムショッピング）ようサポートすることです。購入への販売員の関与は、低くなります。

　いずれの場合においても、販売員はソリューション能力とホスピタリティ精神を持って、顧客満足の提供に努めなければなりません。

4 顧客満足とは

1 なぜ顧客満足度の向上が大切なのか

　お客様の購買行動が多様化しているなか、「企業中心」から「顧客中心」の視点が求められています。とりわけ、近年のネットショッピングの拡大に対して、チェーンストアやショッピングセンターが対抗できない理由のひとつが、顧客視点の欠如です。近年のような成熟市場では、お客様との関係を深めていくことが重要であり、顔の見える一人ひとりの「個客」に照準を合わせることが急務です。

2 事前の期待と事後評価

　満足とは、事前の期待に対する充足の程度をいいます。したがって、顧客満足度は、お客様の事前期待と事後評価のギャップで示すことができます。

事前期待を持つ → 選択する → 使用する・利用する → 評価する

3 顧客満足の3パターン

顧客満足は以下の3つのパターンに分類されます。

①感動する

事前の期待以上の結果が得られた（事後評価が高かった）場合、お客様は感動します。

事前期待 ＜ 事後評価 ⇒感動する

②失望する

事前の期待以下の結果に終わった（事後評価が低かった）場合、お客様は失望します。

事前期待 ＞ 事後評価 ⇒失望する

③安心する

事前の期待どおりの結果だった場合、お客様客は安心します。

事前期待 ＝ 事後評価 ⇒安心する

4 評価基準の違い

評価基準には個人差があるため、満足度にも乖離があります。特に購買経験の豊富な年配者の評価基準は高く、購買経験の浅い若年

層の評価基準は低くなります。

①期待度の違い

　顧客満足度は相対評価のため、事前の期待度が高ければ厳しい結果となりますし、期待度が低ければ甘い結果となります。たとえば、税務署などは来訪者の事前の期待度が低いため、通常の接客レベルでも高評価を得られやすくなります。

②事後とは

　物販店と飲食・サービス店における「事後」とは、以下の状況を意味します。特に、飲食・サービス店では、接客中に評価される点に留意してください。

＜物販の場合＞	＜飲食・サービスの場合＞
入店後	入店後
接客後	接客中
購入後	飲食後
使用後	サービス完了後

5 不満解消が顧客満足向上策なのか

1 「当たり前のこと」と「願い」

　お客様の事前期待どおりの事後評価とは、言い換えれば、「当たり前のこと」が実現（提供）された状態であり、不満は発生しません。逆に「当たり前のこと」と思っていることが実現できない（提供されない）ときには不満が生じます。

　さらに、顧客満足度の最高レベルは、予想以上の事後評価が得られた場合であり、言い換えると、"こんなことができればいいなぁ"という「願い」がかなったときです。すなわち、顧客満足度の向上とは、お客様の不満を解消することだけではなく、お客様の「願い」に応えることまで含まれるといえます。

2 「当たり前のこと」は進化する

　「願い」でしかなかったものが、いつも実現する（提供される）ようになると、それはやがて「当たり前のこと」になります。したが

って、お客様の不満を解消しているだけでは、事前期待のレベルの上昇に追いついていかなくなり、不満につながりかねません。そのため、お客様の「願い」をいつも実現し、競合店よりも「当たり前のこと」の水準を引き上げることが重要です。

また、顧客満足度の向上とは、「当たり前のこと」ができていないことをチェックするのではありません。これは、不満の解消だけでは顧客満足の向上は実現しないと言い換えることができます。このことは、多くの商業施設で実施されているCS（顧客満足）調査の限界も示しています。

事例10 コンビニのレギュラーコーヒー

ご存じのように、現在、コンビニエンスストアでは、挽きたて、淹れたてのレギュラーコーヒーを買うことができます。それまではコーヒーといえば缶コーヒーかボトルコーヒーしかありませんでしたから、ワンコインでレギュラーコーヒーが飲めるとあって、サービスのスタート当初は行列ができるほどの人気でした。気軽にテイクアウトできるコーヒーが買いたいというお客様の「願い」がかなったわけです。人気に応えようと、コンビニチェーン各社がこぞってマシンを設置しました。そして、今ではコンビニエンスストアのレギュラーコーヒーは、「当たり前のこと」になりました。

お客様のニーズはより高度化しているので、各社、味やコーヒーの品質をアピールして、他社との差別化を図っています。

3 期待に応える安心感か、期待を上回る感動か

顧客満足には2段階あります。第1段階は「期待どおり」という期待に応えた安心感という顧客満足です。第2段階は、「期待を超える」感動という顧客満足です。

これからの店舗は、わざわざ出かけたくなるお店になることや、リピーターの確保が不可欠です。したがって、感動の獲得を目指すべきでしょう。

4 利用動機と期待

お客様の店舗への期待は、なぜその店を選んだのかという理由に表れています。来店客に対してアンケート調査を実施されているところは多いと思いますが、「店舗の選定理由」という質問項目が自店への期待（事前期待）に該当します。

参考までに、物販店と飲食店での選定理由を以下に例示しておきます。

【店舗の選定理由（例）】
＜物販店の場合＞

- ・いつも利用しているから
- ・近くて便利だから
- ・行きやすい場所にあるから
- ・品ぞろえが豊富だから
- ・自分のセンスに合う商品があるから
- ・流行の商品があるから
- ・価格が安いから

- ・商品が選びやすいから
- ・有名なお店だから
- ・高級感があるから
- ・遅くまで営業しているから
- ・地元店だから
- ・接客がよいから
- ・雰囲気がよいから
- ・信頼できるから
- ・清潔だから

<飲食店の場合>

- ・いつも利用しているから
- ・行きやすい場所にあるから
- ・メニューが豊富だから
- ・話題のメニューがあるから
- ・メニューが選びやすいから
- ・接客がよいから
- ・雰囲気がよいから
- ・高級感があるから
- ・清潔だから
- ・地元店だから
- ・近くて便利だから
- ・短時間で食べられるから
- ・おいしいから
- ・価格が安いから
- ・ボリュームがあるから
- ・有名なお店だから
- ・落ち着くから
- ・信頼できるから
- ・遅くまで営業しているから

5 店舗の特徴の明確化

　お客様の感動を獲得するためには、店舗の特徴を明確に打ち出すことが重要です。

・品ぞろえや商品面の特徴
・サービス面の特徴
・店づくりの特徴

6 お客様の期待に応える具体策

　顧客満足度を向上させるためには、物販店では「ヒト・モノ・カネ・情報」の4項目、飲食・サービス店では「Q・S・C・A・V」の5項目を向上させることが重要です。

＜物販店の場合＞

①ヒト（接客力）
②モノ（商品力）
③カネ（価格）
④情報（情報発信力、情報収集力、情報活用力）

＜飲食・サービス店の場合＞

①Q（クオリティ：品質、味）
②S（サービス：接客）
③C（クレンリネス：清掃、清潔感）
④A（アトモスフィア：雰囲気）
⑤V（バリュー：価格）

コラム ⑤

お客様のわがまま

　最近、スーパーマーケットにセルフレジが増えてきました。私はもっぱらセルフレジを使っています。

　考えてみれば、業界ナンバーワンの某アパレル専門店でも、数年前からセルフレジを導入していて、専用の台に商品を置くだけで精算できます。店員は売場のあちこちにはいますが、お客様から話しかけられない限り接客はしていません。

　顧客心理として、必要なとき（商品選びに悩んだり、わからないとき）には接客してほしいけれど、自分が熟知している商品を購入するときには接客はされたくないのでしょう。

　このようなお客様のわがままにも、店側は対応するしかないのかもしれません。そうすると、「ネットショップに対抗するには接客力の向上だ」というリアル店舗側の主張には、説得力がないのかもしれません。

第 4 章

店舗コンサルティングの
ケーススタディ

1 Mブラシ専門店（東京都台東区）のケース

1 店舗の概要

　M店は、1921（大正10）年に創業し、刷毛ブラシの製造販売を行っている専門店です。これまでは、主に職人を対象としたプロ仕様の本格的な刷毛やブラシを製作してきましたが、現在は、ブラシの手植え職人である店主が、刷毛ブラシの製造から販売まで行っています。

　M店は東京都台東区の浅草通りに面していて、店前の人通りが多い立地にあります。また、近年は周辺にホテルが建ち始め、多くのインバウンド客が店前を通行しています。以前はプロ向けの店舗でしたが、周辺環境の変化に合わせて、国内の観光客やインバウンド客への対応も求められています。

　同店の特徴は、基本的に手作り、良質な商品の品ぞろえにあります。特に、店主が手植えするブラシは秀逸で、製造が間に合わないほどの人気商品です。品ぞろえは、大きくプロ向け商品と一般客向け商品に分けられます。プロ向け商品は、職人が使う食品用刷毛や

版画用ブラシなど専門性の高い商品です。また、一般客向け商品は、靴ブラシから洋服ブラシ、そして歯ブラシまで幅広い品ぞろえとなっています。

2 依頼内容

これまで店主は、陳列やレイアウトなど、お客様のための店づくりに積極的に取り組んでいませんでした。しかし、コロナ禍も明けたことから、今後は店舗販売に注力しようと考え、入りやすい店づくり、選びやすい店づくりをするために、店舗演出の抜本的な改善を筆者に依頼してきました。

3 コンサルティング・ロードマップ

まずは、代表者へのヒアリングを行いました。ヒアリングの概要は以下のとおりです。

・店舗の沿革
・主要取扱商品
・主要顧客
・インバウンド客の状況
・ネットとリアル店舗との関連性

続いて、ヒアリングをベースに、今後の進め方について話し合いました。①店舗改善のために定期的に訪問し、店舗演出の方法についてレクチャーすること、②実践力を身につけていただくために毎回宿題を与えること、③一方的な指導ではなく、コンサルティング

図表4-1　Mブラシ専門店　店舗活性化のスケジュール

回	月日	テーマ	店頭	陳列	レイアウト
第1回	4月	オーナーヒアリング			
第2回	5月	お店の機能について	○	○	○
第3回	6月	入りやすい店づくり①	○		
第4回	7月	入りやすい店づくり②	○	○	
第5回	8月	入りやすい店づくり③	○	○	
第6回	9月	選びやすい店づくり①		○	
第7回	10月	選びやすい店づくり②		○	
第8回	11月	選びやすい店づくり③		○	
第9回	12月	居心地のよい店づくり①			○
第10回	1月	居心地のよい店づくり②			○

完了時には経営者および従業員が店舗オペレーションできるようにアドバイスしていくこと、などを説明し、合意を得られました。

　M店の活性化に向けてのスケジュール**を図表4-1**、イベントカレンダーを**図表4-2**に示します。

4　課題

　M店の現状における課題として、次のことが挙げられました。

①入りにくい

　一言でいえば、"店"になっていない状況でした。前面がガラススクリーンになっていて、店内見通しはよいのですが、何を売っている店なのか、特徴が何なのかなどが一目でわかりにくい状態でし

図表4-2 Mブラシ専門店 イベントカレンダー

月	家族の催事	提案	おすすめ商品例	実施場所
1	お正月	お年玉、新年	歯ブラシ	ショーウインドウ・店央テーブル
2	バレンタインデー	バレンタインプレゼント	ヘアブラシ	ショーウインドウ・店央テーブル
3	ひな祭り、卒業・卒園	卒業祝	靴ブラシ	ショーウインドウ・店央テーブル
4	入学・入園・入社、衣替え	衣替えで洋服のお手入れ	洋服ブラシ	ショーウインドウ・店央テーブル
5	こどもの日、母の日	母の日プレゼント	フェイスブラシ、化粧筆	ショーウインドウ・店央テーブル
6	父の日	父の日プレゼント	ボディブラシ	ショーウインドウ・店央テーブル
7	七夕、海の日	ヘアケア	ヘアブラシ	ショーウインドウ・店央テーブル
8	夏休み、家族旅行	旅行便利グッズ	旅行用携帯ブラシ	ショーウインドウ・店央テーブル
9	敬老の日	敬老の日プレゼント	孫の手ブラシ	ショーウインドウ・店央テーブル
10	ハロウィン、スポーツの日	スポーツの秋	ボディブラシ	ショーウインドウ・店央テーブル
11	いい夫婦の日、勤労感謝の日	お風呂ライフを満喫	お風呂関連商品	ショーウインドウ・店央テーブル
12	クリスマス、年末大掃除	クリスマスプレゼント、大掃除関連	大掃除便利ブラシ	ショーウインドウ・店央テーブル

た。また、店頭での情報発信がなく、通行人が足を止めることの少ない状況が見られました。

②選びにくい

陳列は、ただ商品が並べてあるという状態で、どこに何があるのか、商品の特徴は何なのか、おすすめ商品は何かなどがわかりませんでした。また、商品分類がされておらず、比較検討もしづらい状況でした。

5 提案内容

課題の解決（改善）に向けて、次のような提案を行いました。

①入りやすさへの改善提案（入りやすい店づくり）
- ブラックボードの設置

店頭にブラックボードを設置し、おすすめ商品をアピールすることを提案しました。
- ショーウインドウでの演出

店頭の2か所にあるショーウインドウ内の演出を提案しました。具体的には、季節の商品やおすすめ商品のディスプレイ、テーブルやグリーンを用いた演出などです
- 陳列テーブルの設置

店中央部分に陳列テーブルを設置することを提案しました。これまではショーケースを設置していましたが、入りやすさの向上を図るとともに、もっと気軽に店内を回遊できるようにローテーブルを

設置し、主力商品をディスプレイすることを提案しました。
- 店奥内壁面上部の演出

店奥の壁面上部にブラシのディスプレイとPOPを掲示することを提案しました。

②選びやすさへの改善提案（選びやすい店づくり）

- ゾーニングに基づいた陳列

使用シーンに合わせたゾーニングを行い、店内の陳列を行うことを提案しました。

- 壁面部分の陳列の改善

壁面の上部をディスプレイスペースとして、主力商品の展示陳列を行うことを提案しました。

- アイキャッチャーの配置

陳列棚、陳列テーブルの商品は、お客様が自由に商品を手に取れる陳列を基本とします。顧客の目を引く集視ポイント（アイキャッチャー）を配置することを提案しました。

- POPおよびプライスカードの作成

店内ディスプレイの商品に対して、それぞれPOPおよびプライスカードをつけることを提案しました。

- プロ向け商品コーナーの展開

プロ向け商品は基本的に目的買いされるので、店奥壁面に陳列すること。その際、商品名とプライスを明記し、わかりやすい陳列をすることを提案しました。

③その他の提案(店舗の魅力向上)

- 作業スペースの移動

　ブラシの手植え作業は、顧客の目を引くとともに、店舗の特徴をアピールできるパフォーマンスでもあるため、店奥正面で行うことを提案しました。

- 相談テーブルの設置

　店奥に椅子とテーブルを設置し、相談コーナーにすることを提案しました。

- モニターの設置

　ショーウインドウ内にモニターを設置し、商品案内や手植えの作業風景を映すことを提案しました。

写真4-1　店頭に設置したブラックボード

第 4 章 ▶ 店舗コンサルティングのケーススタディ

写真 4-2　エントランススペースに陳列テーブルを設置

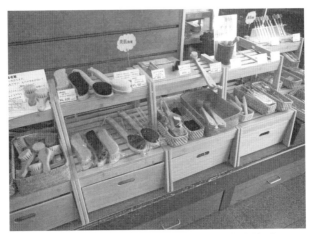

写真 4-3　ゾーニングに基づいた店内陳列

6 コンサルティングによる成果

　M店のコンサルティングの結果、次のような変化が見られました。

①新規客の開拓

　店頭ブラックボード、ショーウインドウの演出によって、立ち寄るお客様が増えるとともに、そのまま入店するお客様も増え、結果的に新規客が開拓できました。また、インバウンド客の来店も増え、客単価もアップしました。

②店主・スタッフが店づくりに興味

　何よりの成果は、店主はじめスタッフが店づくりに興味を持ち、積極的に改善を試みるようになったことです。ブラックボードの書き換え、季節に合わせたショーウインドウの演出、店央テーブルでのおすすめ商品のアピールなど、こまめに手を加えるように意識が変化しました。

③店舗の活性化

　新たな顧客の来店、店内演出の工夫、店舗スタッフの動きなどの結果、活き活きとした店舗になりました。

第4章 ▶ 店舗コンサルティングのケーススタディ

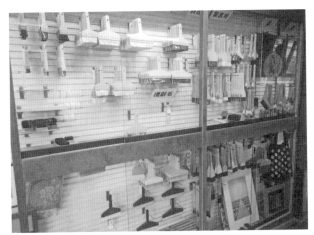

写真4-4　プロ向け商品は商品分類を明確化

写真4-5　店内にはアイキャッチャーを配置

2 I 中華料理店（神奈川県川崎市中原区）のケース

1 店舗の概要

　1961（昭和36）年に創業したI店は、現在2代目が営む中華料理店です。2020（令和2）年、現在の場所（川崎市中原区の駅前タワーマンション1階）に移転しました。立地する武蔵小杉エリアは、かつては多くの工場がありましたが、現在はタワーマンションの林立する住宅街となっています。

　I店の主な顧客層は、地元住民と地元の事業所に勤めるビジネスマンやOLです。工場の町から住宅地に変化したため、事業所の宴会需要が減り、個人客の利用が増えています。

　メニューはラーメンから本格中華まで幅広く、味の良さと接客の優しさが好評で、長年地域で親しまれてきました。

2 依頼内容

　新たに移転開業するにあたり、2代目店主から店舗のプランニン

グの依頼がありました。従来とは違う、新たなコンセプトや店づくりの方向性を提案してほしいとの要望でした。また、先代（現会長）からは、事業承継にあたって2代目の育成もリクエストされました。

3 コンサルティング・ロードマップ

当時、移転開業まで4年半ほどありましたので、まずは現状店舗の分析および改善の提案を行いました。そして現状調査を踏まえて、新店のプランニングを行いました。

現状調査では、店主のヒアリング、来店客調査、競合店調査、商圏調査などを実施しました。各種調査に基づいてSWOT分析を行い、新店の経営戦略を立案しました。さらに経営戦略をベースに、店づくり、メニューづくり、販促計画を策定しました。最終的には、事業計画を立案し、実現性の高いプランニングを行いました。

4 課題

いきなり新店のプランニングに入らず、現状店舗の分析を行ったのには理由があります。それは、店舗のスタッフに店舗運営について地力をつけていただきたかったからです。コンサルタントがお手伝いできることには限界があります。定期的に訪問するにしても、部分的な助言ができるだけです。店舗を運営するのは、あくまでもそこのスタッフの皆さんです。

現状店舗の見直しをすることで、店舗の魅力、周辺環境の変化、

図表4-3　I中華料理店　コンサルティング・ロードマップ

I　中華料理店　コンサルティング業務

1．**目的**：再開発を契機に、お店の活性化を図るとともに、将来像を策定する
2．**内容**：

項　目	業務内容	所要期間
I．売上向上策の策定		
①役員ヒアリング	店舗の現状と将来への希望」について、ヒアリングを行う	6ヵ月
②データ分析	販売データの分析を行う	
③競合調査	競合する店舗の実態調査を行うとともに、ベンチマークとすべき店舗を探る	
④顧客調査	データ及び来店客観察調査により、顧客像を明確にする	
⑤メニュー調査	ABC分析をベースに、メニューの見直しを行う	
⑥課題の抽出と整理	現状調査を踏まえて、I中華料理店のクリアすべき課題を抽出整理する	
II．新店計画の策定		
①SWOT分析	外部環境及び内部資源の分析を行う	18ヵ月
②ターゲットの明確化	今後狙うべきターゲットを明確にする	
③コンセプト策定	ターゲットを踏まえて、I中華料理店の新コンセプトを策定する	
④経営戦略の策定	新コンセプトに基づき、I中華料理店の方向性を明確にする	
⑤アクションプランの作成	新店実現のためのアクションプランを作成する	
・店舗戦略	店づくりプランを策定する	
・販売計画	目標とすべき売上高、客数、客単価などを策定する	
・メニュープラン	主力メニューを策定する	
・販売促進戦略	販売促進の計画を策定する	
III．訪問指導		36ヵ月
○定例訪問指導	定期的に店舗を訪問し、活性化に向けたアドバイスを行う（24回）	

3．**期間**：36か月間

客層の変化などについて再認識いただけると考えました。また、現状店舗の改善を通じて店づくりの基本について学習していただくことで、新店の運営に役立てていただきたいと思いました。そんな考えから、一方的に提案するのではなく、定期的なミーティングを通じて新店の方向性を一緒に考えることを心がけました。

5 提案内容

Ｉ店に行った主な提案内容は、次のとおりです。

①現状分析

● 来店客調査

　来店客に対しアンケート調査を行いました。アンケート調査の結果得られた情報としては、男性客が多いこと、常連客が中心だが通りすがりの新規顧客も来店していること、店頭のショーケースを見る人が多いこと、ネットを見てのご来店が少ないことなどがわかりました。

● 商圏調査

　公的なデータを分析し、商圏内の顧客の状況を把握しました。タワーマンションの建設によって居住人口が増えていること、30代から40代のファミリー層が多く居住していること、工場は減少しているものの商業施設や医療関連の施設が増えていること、女性従業員の数が多いことなどがわかりました。

● 競合店調査

　同業の中華料理店について、ストアコンパリゾンを行いました。

競合店のほとんどが、新規開業したチェーン店であること、どの店も客層が広いことなどがわかりました。

- SWOT分析

ヒアリングと各種調査に基づき、Ｉ店のSWOT分析を行いました。チャンスを捉えて店舗の強みを発揮する方向性として、以下の7つを提案しました。

 a．おいしいお料理の食べられるお店
 b．新規客が入りやすいお店
 c．地元在住のファミリーが利用できるお店
 d．気軽に入りやすいお店
 e．手作りの料理が食べられるお店
 f．地元の老舗
 g．地元店らしいアットホームなお店

②新店計画

- コンセプト作成

SWOT分析に基づいて、新店のコンセプトを「食事を通じて、団らんを提供するお店」としました。そして、地元在住のファミリー層をメインターゲットにするとともに、地元企業に勤める人をサブターゲットとしました。また、従来の男性客中心から、女性客中心の店舗に転換することも目指しました。

- メニュー変更

メインターゲットの変更に合わせて、メニューの見直しも行いました。ボリュームの変更と単価の見直し、ランチメニューの絞り込み、おすすめメニューの導入などです。

● 店づくり（レイアウト案）

当初より、店主ご夫妻からは「中華中華していない店、本格中華っぽくない店にしてほしい」との要望をいただいていましたので、カジュアルで明るい店づくりを提案しました。また、お一人様客や孤食ニーズに対応できるよう、大きなテーブル席（一人席）を中央に設けました。さらに、気軽に入りやすいお店という方向性から、全面ガラススクリーンにして、外からの店内見通しを向上させました。

店頭には情報発信施設としてデジタルサイネージを設置して、おすすめメニューや店舗の歴史を放映するとともに、ショーケースの視認率が高いことを考慮して、サンプルケースも設置しました。

● 採算性の検討

東京オリンピック・パラリンピックの開催を控え、建築費等が高騰していたため、事業計画を作成して採算性の検討を行いました。投資計画および事業収支計画に基づき、目標売上高を設定（年度別、月別）しました。

● 販促計画

筆者は、お客様に常に刺激を与え続けることが、結果的にリピーターの獲得につながると思っています。具体的には、販促カレンダーを作成し、季節のおすすめメニューの提案やイベントを行うことを提案しました。

6 コンサルティングによる成果

開業した時期は、あいにくコロナ禍の真っただ中でしたが、順調

に目標売上高を達成しています。要因は、旧店舗からの常連客の確保と新規客の開拓にあります。当初の目論見どおり、ファミリー層と女性客が顧客の中心です。また、メニューの見直しにより、客単価もアップしました。

写真4-6　カジュアルで明るい店内

写真4-7　ガラススクリーンでテラス風になった客席

第 4 章 ▶ 店舗コンサルティングのケーススタディ

写真 4-8 店頭にはサンプルケースとデジタルサイネージを設置

写真 4-9 店央柱周りのお一人様席

コラム ❻

お店が
サードプレイスになる

　青森市のＩ電器屋さんは、数年前に青森駅前に移転しました。移転に合わせて、店内に大きなテーブルを設置して、お客様にくつろいでいただけるようにしました。来店されたお客様には、コーヒーやお茶をお出しして、しばし店内で過ごしていただけるようにしています。

　このスペースができたことで、街中にいらっしゃったお客様が気軽にお店に立ち寄るようになりました。今では、この店に寄り道するのを楽しみにしているお年寄りの方も多いようです。ご来店されたお客様は、オーナーとの談笑を楽しみ、リフレッシュしていかれるようです。

　近年、家庭でも職場でもない第三の場所として、サードプレイスの存在が注目されています。気軽に立ち寄れて、一個人としてのひと時を楽しめる同店は、お客様にとっての「とびきり居心地のよい場所」、まさにサードプレイスになっています。店側としてはお客様の接待場所として設置したスペースですが、お客様にとってはサードプレイスになったわけです。ちなみに、コーヒーを飲んでいただきながら商品のご案内もしているので、売上にも貢献しているようです。

買物目的で来店するのではなく、そのお店に行くこと自体が目的になり、結果的にお買い上げにつながる。これが「お店がサードプレイスになる」ということです。これからの店舗、特に地元の店舗が目指すべき方向のひとつがサードプレイス化です。Ｉ電器屋さんの先駆けの取り組みに大いに学ぶべきでしょう。

補章 飲食店の店づくり

1 飲食店における購買の行動の特殊性

　飲食店では、メニュー（食事）の提供と消費（飲食）が同時に行われるため、冷やかしができない、返品ができないといった特殊性があります。また、よほどの不具合がない限り、お客様が入店して、注文せずに退出することはありません。すなわち、飲食店では、「入店＝購入」という行動となります。

　お客様にとっては、入店したら最後、購入をしなければならないので、物販店以上に入店には慎重になります。したがって、飲食店の場合、店頭が重要であり、店舗の見た目が大切になります。

2 店頭

　飲食店では、お客様はお店の第一印象で入店の判断をしやすいので、店頭のイメージが重要です。以前指導した飲食店（ショッピングセンターのテナント）では、店頭イメージ（サンプルケースのイ

補章 ▶ 飲食店の店づくり

図表補-1　飲食店の店舗空間の構成

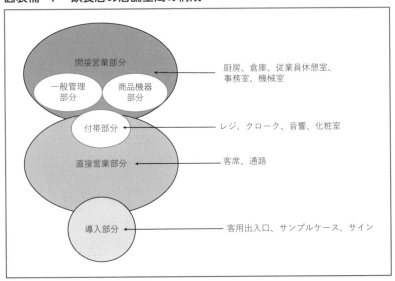

メージ含めて）が食堂風なため、ファミリーや若い人に不人気のお店がありました。メニューは洋食中心で、店内の雰囲気はファミレスのようなお店でした。店頭イメージが悪かったので、お客様を逃してしまっていました。

　入店の意思決定が店頭でなされてしまうので、入りやすさも大切です。とりわけ、店内見通しが重要になります。具体的には、店外から客席の様子が見えることや、お店のイメージ（流行っている）が確認できることが求められます。店外から見て、お客の入りが悪いお店は、「流行っていないのでは」「美味しくないのでは」と、お客様が半信半疑になってしまい、入店を躊躇してしまいます。逆に、店内のにぎわっている様子が店外から見えると、「きっとおいしいに違いない」とお客様は判断して、入店してくれます。

3 サンプルケース

　店頭部分でも、特に重要なのがショーウインドウ（サンプルケース）です。なぜなら、お客様はサンプルやメニュー表を見て、入店の意思決定をするからです。季節メニューやおすすめメニューが展示されていると、入店のきっかけになります。

　サンプルケース内のクレンリネスは、とても大切です。何よりもサンプルは、おいしそうに見えなければいけません。ほこりなどがたまらないように、こまめに清掃をしなければいけませんし、サンプルやPOPの日焼けにも注意しなければいけません。

　ただ、サンプルの作製にはコストがかかるため、頻繁に入れ替えることができません。サンプルはグランドメニューにとどめ、季節メニューや新メニューはパネル表示するとよいでしょう。また、昨今はおすすめメニューや季節メニューを紹介した、デジタルサイネージを、サンプルケースの隣に設置している店も多くなりました。

4 メニュー表

　メニュー表は何といっても、選びやすさが大切です。写真やイラストを使ってビジュアルに表現することはもちろん、メニューを比較検討しやすいような、ページ構成も求められます。たとえば、中華料理店ならば、麺類、ご飯類（チャーハンや丼物）、前菜（サラダ）、一品料理、定食、デザート、飲料といった具合に、メニュー分類に基づいた紙面構成が重要です。また、メニューを絞り込んだランチメニューを別途用意すると、お客様が込み合うランチタイム

でも、注文に素早く対応できます。

　昨今は、タブレットでメニュー表示しているお店も多いようです。冊子のメニューには一覧性がありますが、タブレットの場合は一覧性がなく、1画面に表示できるメニュー数も限られます。そこで、わかりやすいメニュー分類をした画面構成にして、お客様が検索しやすいようにする工夫が必要です。

　さらに、メニュー表においても、サンプルケースと同様に、おすすめメニューと季節メニューが有効です。

5　飲食店のチェックポイント

　飲食店を診断する際のチェックポイントは、クオリティ（Q）、サービス（S）、クレンリネス（C）、バリュー（V）、アトモスフィア（A）の5つです（第3章第5節参照）。

- Q…料理の品質レベル（おいしいか、素材や産地などにこだわりはあるか、調理法に特徴があるか）
- S…サービスレベル（丁寧な接客か、客席への注意は行き届いているか、入店したら素早く対応しているか、ホールスタッフの商品知識は高いか）
- C…クレンリネスレベル（清掃状況はよいか、清潔感はあるか、ホールだけでなく厨房もきれいか）
- V…価値（品質と価格のバランスはよいか、値ごろ感はあるか、お値打ちメニューがあるか）
- A…店内環境（店内や客席の雰囲気はよいか、居心地はよいか、BGMの音量は適切か、照明は効果的か）

付録 店舗診断チェックシート

1 物販業種業態向け

店舗チェックリスト（物販業）

店　名　_____

調査日時　_____

調査員　_____

<入りやすさチェック>

A：よくできている　B：ふつう　C：できていない

調査項目	チェックポイント	A	B	C	評点
外装・店頭	1．店名表示や業種表現は十分か				
	2．外からの店内見通しはよいか				
	3．外装・店頭の汚れ、段差、障害物はないか				
	4．入口は狭くないか				
	5．店内にお客様がいるか				
	6．入口は入りやすい雰囲気か（高そう、商品の偏りなどがない）				
	7．入口に新商品やきっかけになる商品があるか				
	8．店員といきなり目線が合わないか				
	9．店員からすぐ声をかけられないか				
	10．「いらっしゃいませ」の声が入店してすぐ聞こえるか				
その他気づいた点					
	合　計　点　数				

付録 ▶ **店舗診断チェックシート**

<選びやすさチェック>

A:よくできている　B:ふつう　C:できていない

調査項目	チェックポイント	A	B	C	評点
陳列技術	1. 店頭・正面奥の陳列に魅力はあるか				
	2. 売りたい商品が一目でわかるか				
	3. 展示陳列はテーマや季節感を演出しているか				
	4. 量感陳列のボリュームは十分か				
	5. 商品の顔がよく見えるように陳列してあるか(棚やハンガー)				
	6. メッセージタイプのPOPがあるか				
	7. 比較検討しやすいか(分類、ゾーニング)				
	8. ついで買いを促すクロスMDがあるか				
	9. レジ付近についで買いを促す関連商品が陳列されているか				
店内レイアウト	10. 店内の回遊性はよいか				
	11. 店の奥まで入る魅力があるか				
	12. デッドスペースが生じていないか				
	13. レジ周りは整理されているか				
	14. アイキャッチャー(お客の目を引く陳列)は効果的に配置されているか				
照明・色彩・BGM	15. 照明器具や光源の選択は適切か				
	16. 照明器具の位置、照度、付け方はよいか				
	17. 陳列と照明の調和はよいか				
	18. 業種にふさわしい色彩を用いているか				
	19. BGMの音量は適切か				
品ぞろえ	20. 商品に鮮度が感じられるか				
	21. 商品量は適切か				
	22. 商品に値札がきちんと付いているか				
	23. 値頃感はあるか				
その他					
	合　計　点　数				

＜親しみやすさチェック＞

A：よくできている　B：ふつう　C：できていない

調査項目	チェックポイント	A	B	C	評点
態　度	1．笑顔で対応している				
	2．キビキビとした態度で接客している				
	3．ポケットに手を入れて立っていない				
	4．販売員が1か所にかたまって雑談をしていない				
	5．客がいないからといってボケーッと立っていない				
	6．暇なときは、商品の点検や整理、補充を行い、次の販売に備えている				
	7．仕事中に客に呼ばれたらすぐに対応している				
身だしなみ	8．フケがないように清潔に保ち髪を整えている				
	9．爪は汚れておらず、きれいにカットしている				
	10．ブラウスやワイシャツの襟、袖口は汚れていない				
	11．靴のヒールの高さは5cm以内で、かかとを踏んだり、バックストラップを留めずに履いていない				
	12．靴はきれいに磨いてある				
	13．白衣やエプロンは汚れていないものを着用している				
	（食物販店は以下の項目もチェック） 14．髪の毛はキャップや三角巾の中に隠している（長髪は、しばったり、編んだりしてまとめている）				
	15．ユニホームやエプロンで手を拭いていない				
	16．指や手に怪我をして、絆創膏やかさぶたがついた状態で、調理や惣菜を扱っていない				
その他 気づいた点					
	合　計　点　数				

付録 ▶ **店舗診断チェックシート**

2 飲食業種業態向け

店舗チェックリスト（飲食業）

店　名 ＿＿＿＿＿＿＿＿＿＿＿＿＿＿＿＿
調査日時 ＿＿＿＿＿＿＿＿＿＿＿＿＿＿＿
調査員 ＿＿＿＿＿＿＿＿＿＿＿＿＿＿＿＿

＜入りやすさチェック＞

A：よくできている　B：ふつう　C：できていない

調査項目	チェックポイント	A	B	C	評点
外装・店頭	1．店名表示や業種表現は十分か				
	2．外からの店内見通しはよいか				
	3．外装・店頭の汚れ、段差、障害物はないか				
	4．入口は狭くないか				
	5．店内にお客様がいるか				
	6．店頭で食欲をそそられるか（音、におい）				
	7．入口は入りやすい雰囲気か（高そう、メニューの偏りなどがない）				
	8．入口に季節のメニューやきっかけになるメニューがあるか				
	9．「いらっしゃいませ」の声が入店してすぐ聞こえるか				
	10．店員が笑顔で迎えてくれるか				
その他気づいた点					
	合　計　点　数				

<選びやすさチェック>

A：よくできている　B：ふつう　C：できていない

調査項目	チェックポイント	A	B	C	評点
サンプルケース	1. サンプルケース・サンプルに清潔さ、新鮮さが感じられるか				
	2. 見やすく選びやすいか				
	3. ケースのデザインは店のイメージと調和しているか				
	4. POPやショーカードは上手に使っているか				
	5. 季節感を演出しているか				
店内レイアウト	6. 客席への誘導性はよいか				
	7. 出入口の床はきれいか				
	8. レジ周りは整理されているか				
	9. テーブルの上の小物はきれいか				
	10. 什器は店舗イメージに合っているか				
照明・色彩・BGM	11. 照明器具や光源の選択は適切か				
	12. 照明器具の位置、照度、付け方はよいか				
	13. テーブルの上の明るさは十分か				
	14. 業種にふさわしい色彩を用いているか				
	15. BGMの音量は適切か				
メニュー	16. メニューは見やすくわかりやすいか（比較検討しやすい）				
	17. おすすめメニューがアピールされているか				
	18. メニューは汚れていないか				
	19. 季節のおすすめが出ているか				
	20. 値頃感はあるか				
	21. 卓上や店内にサイドメニューやドリンクのおすすめがあるか				
その他気づいた点					
	合　計　点　数				

付録 ▶ 店舗診断チェックシート

<親しみやすさチェック>

A：よくできている　B：ふつう　C：できていない

調査項目	チェックポイント	A	B	C	評点
態　度	1．笑顔で対応している				
	2．キビキビとした態度で接客している				
	3．ポケットに手を入れて立っていない				
	4．販売員が1か所にかたまって雑談をしていない				
	5．客がいないからといってボケーッと立っていない				
	6．常に客席に気を配っているか				
身だしなみ	7．フケがないように清潔に保ち髪を整えている				
	8．前髪やサイドは顔にかからないようにしている				
	9．爪は汚れておらず、きれいにカットしている				
	10．ブラウスやワイシャツの襟、袖口は汚れていない				
	11．靴のヒールの高さは5cm以内で、かかとを踏んだり、バックストラップを留めずに履いていない				
	12．白衣やエプロンは汚れていないものを着用している				
	13．髪の毛はキャップや三角巾の中に隠している（長髪は、しばったり、編んだりしてまとめている）				
	14．ユニホームやエプロンで手を拭いていない				
	15．指や手に怪我をして、絆創膏やかさぶたがついた状態で、調理や惣菜を扱っていない				
その他	16．着席してすぐに接客してくれるか				
	17．オーダーしてから料理の提供まで待たされないか				
	18．メニュー内容について丁寧に説明してくれるか				
	19．温かいものは温かく、冷たいものは冷たく提供されているか				
	合　計　点　数				

3 サービス業種業態向け

店舗チェックリスト(サービス業)

店　名　_____

調査日時　_____

調査員　_____

<入りやすさチェック>

A:よくできている　B:ふつう　C:できていない

調査項目	チェックポイント	A	B	C	評点
外装・店頭	1. 看板や店頭を見れば、どんなお店か一目でわかるか				
	2. 外からの店内見通しはよいか				
	3. 外装・店頭の汚れ、段差、障害物はないか				
	4. 入口は入りやすい雰囲気か(高そうではないか)				
	5. 店頭にサービス内容や価格が表示されているか				
その他 気づいた点					
	合　計　点　数				

付録 ▶ **店舗診断チェックシート**

＜選びやすさチェック＞

A：よくできている　B：ふつう　C：できていない

調査項目	チェックポイント	A	B	C	評点
店　内	1．POP広告の数は適当か				
	2．季節感やおすすめメッセージの入ったPOP広告はあるか				
	3．レジ周りは整理されているか				
店内レイアウト	4．客席への誘導性はよいか				
	5．出入口の床はきれいか				
照明・色彩・BGM	6．照明器具や光源の選択は適切か				
	7．照明器具の位置、照度、付け方はよいか				
	8．業種にふさわしい色彩を用いているか				
	9．BGMの音量は適切か				
品ぞろえ	10．価格表示はわかりやすいか				
	11．サービス内容はわかりやすく表示されているか				
その他気づいた点					
	合　計　点　数				

＜親しみやすさチェック＞

A：よくできている　B：ふつう　C：できていない

調査項目	チェックポイント	A	B	C	評点
態　度	1．笑顔で対応している				
	2．キビキビとした態度で接客している				
	3．ポケットに手を入れて立っていない				
	4．販売員が1か所にかたまって雑談をしていない				
	5．客がいないからといってボケーッと立っていない				
	6．仕事中に客に呼ばれたらすぐに対応している				
身だしなみ	7．フケがないように清潔に保ち髪を整えている				
	8．爪は汚れておらず、きれいにカットしている				
	9．ブラウスやワイシャツの襟、袖口は汚れていない				
	10．靴のヒールの高さは5㎝以内で、かかとを踏んだり、バックストラップを留めずに履いていない				
	11．靴はきれいに磨いてある				
	12．白衣やエプロンは汚れていないものを着用している				
その他 気づいた点					
	合　計　点　数				

■著者紹介

太田　巳津彦　（おおた　みつひこ）

《略歴》
　1953年東京（谷中）生まれ。千葉大学人文学部卒業後、（株）ヤクルト本社、（一社）日本ショッピングセンター協会、（株）商業ソフトクリエイションを経て、独立。1997年（株）ワイ・キャップコンサルティング設立。
　主に、ショッピングセンター・商店街活性化、個店経営指導、研修事業に携わる。
　特定非営利活動法人　一店逸品運動協会理事長。
　㈱日本マンパワー中小企業診断士登録養成課程主任講師。
　（一社）日本ショッピングセンター協会SCアカデミー専任講師。

《主な資格》
　・中小企業診断士
　・1級販売士
　・日本販売士協会登録講師
　・SC経営士

《著書・執筆等》
　『eビジネスベストサイト』（同友館・共著）
　『一店逸品運動』（同友館）
　『一店逸品運動実践ガイド』（同友館）
　『商売繁盛の最強バイブル』（同友館・共著）
　『商業施設・SCの業種別テキスト賃料負担力集成』（綜合ユニコム）
　『商業施設・SCのサービス系テナントモデルプラン集』（綜合ユニコム）
　『商業施設・SCのフードコート開発・リニューアル実務資料集』（綜合ユニコム）
　協同組合連合会日本専門店会連盟『月刊専門店』執筆
　（一社）日本ショッピングセンター協会『SC JAPAN TODAY』執筆

　（連絡先）
　㈱ワイキャップコンサルティング
　千葉市花見川区検見川町3-303-17ピアチェーレ2階
　TEL 043-216-2640
　Email rxr12574@nifty.com

■参考文献

高瀬昌康著『店舗施設診断と指導』誠文堂新光社、1978年
楢崎雄之著『図解　店舗の計画と設計』オーム社、1985年
流通経済研究所編『インストア・マーチャンダイジング』日本経済新聞出版社、2008年
福田ひろひで著『店長とスタッフのための売場づくり　基本と実践』同文舘出版、2015年
日本商工会議所『販売士3級テキスト　ストアオペレーション』2016年
日本商工会議所『販売士2級テキスト　ストアオペレーション』2017年
フィリップ・コトラー著『コトラーのマーケテイング4.0』朝日新聞出版、2017年

2025年4月25日　第1刷発行

店舗施設マネジメントと診断
―魅力的な店づくりを実現するポイント

著　者　太田巳津彦
発行者　脇坂　康弘

発行所　株式会社　同友館

〒113-0033 東京都文京区本郷 2-29-1
TEL. 03(3813)3966
FAX. 03(3818)2774
URL https://www.doyukan.co.jp

落丁・乱丁本はお取替えいたします。
ISBN 978-4-496-05754-0

港北メディアサービス
Printed in Japan

本書の内容を無断で複写・複製（コピー），引用することは，特定の場合を除き，著作者・出版者の権利侵害となります．また，代行業者等の第三者に依頼してスキャンやデジタル化することは，いかなる場合も認められておりません．